ro
ro
ro

Herzlich willkommen
im Hansson, Hamburg

Christian Pfannenschmidt

GIRL*friends* forever

Das offizielle Fanbuch

Mit einem Vorwort von Walter Sittler

Herausgegeben von Michael Töteberg

Rowohlt Taschenbuch Verlag

Originalausgabe

Veröffentlicht im
Rowohlt Taschenbuch Verlag GmbH,
Reinbek bei Hamburg, Juni 2003
Copyright © 2003 by Rowohlt Taschenbuch
Verlag GmbH, Reinbek bei Hamburg
Umschlaggestaltung any.way, Andreas Pufal
(Foto: © Objectiv Film / ZDF)
Fotos im Innenteil: © by Objectiv Film /
ZDF, S. 122, 128: Jessica Kreft, S. 130:
Marion Stresow, S. 133: Mathias Bothor
Texte S. 7–12: Aus dem Roman «Fünf
Sterne für Marie» von Christian Pfannen-
schmidt
Layout Ulrike Theilig
Satz Das Herstellungsbüro, Hamburg
Satz aus der Minion und Myriad PostScript
Druck und Bindung Clausen & Bosse, Leck
Printed in Germany
ISBN 3 499 23428 9

Die Schreibweise entspricht den Regeln der
neuen Rechtschreibung.

Inhalt

6 Die Welt der GIRL*friends*

18 *Walter Sittler*
Vorwort

21 Serienguide
Von «Alles hat ein Ende» bis «Demnächst auf Wolke sieben»:
Alle 66 Folgen plus Spin-offs und Who is who

Making of:

122 *Jessica Kreft*
Wie ich ein *Girlfriend* wurde

129 *Marion Stresow*
Marie und Ronaldo vor dem Traualtar
Als Komparsin bei den Dreharbeiten

133 *Christian Pfannenschmidt*
«Ich liebe meine Figuren»
Ein Gespräch mit dem Autor

138 Cast und Credits

Hotel! Das klang nach allem, was gut ist und teuer, das klang geheimnisvoll, aufregend, spannend, verführerisch. Hotel! Hier war nichts ausgeschlossen, hinter jeder Tür lag ein wunderbares Geheimnis verborgen.

Die Welt der GIRL*friends*

Bald wusste er, dass man Damen stets die Tür aufhielt und aufstand, sobald sie den Raum betraten; dass man Gäste nicht ansprach, sondern höchstens auf Fragen antwortete; dass man beim Servieren des Frühstücks auf dem Zimmer den Gast im Bett nicht ansah und im Restaurant schon auf einen Augenaufschlag reagierte. Er konnte Betten machen und Badezimmer putzen, Reservierungen entgegennehmen und Rechnungen schreiben, einen Martini-Cocktail rühren und einen Gin-Fizz mixen. Er erfuhr, was ein Humidor ist und welche Temperatur ein Sancerre haben muss, er konnte über Tournedos Rossini sprechen, über das Algonquin, über Auslastungsraten oder Paté Sableuse, zu der seine Mutter immer nur Sandkuchen gesagt hatte. Bald servierte er mit größter Perfektion von links Wachtelbrüstchen an Raukesalat, Steinbutt auf Sauce hollandaise, Bayerische Creme mit Waldhimbeeren. Er trug von rechts ab und fragte stets, ob es recht gewesen sei, und empfand es als Lob, wenn die Befragten sich zurücklehnten in ihren gepolsterten Sesseln, die Mundwinkel mit den Achtzig-mal-achtzig-Servietten abtupften und jovial nickten. Als Page schleppte er jungen Damen Einkaufstüten auf ihr Zimmer und Geschäftsleuten die Koffer vor das Hotel, wo der Portier den Wagenschlag öffnete und das Trinkgeld kassierte. Und er lernte daraus: Am Trinkgeld konnte man Herkunft und Charakter ablesen. Das alte Geld, wie die Hausdame immer zu sagen pflegte, gab wenig, das neue Geld gab viel, meist zu viel; wer das Trinkgeld am Anfang seines Besuchs gab, war anspruchsvoll und berechnend, wer es am Schluss gab, hatte Herz.

9 Die Welt der GIRL*friends*

Sekretärinnen sind die Manager des Büros. Sie empfangen Anrufe und Besucher, sie machen Terminpläne, buchen Flüge und Leihwagen, reservieren Hotelzimmer, Tische in Restaurants und Theaterkarten, sie kochen Tee und Kaffee, sie protokollieren, tippen, verschicken und legen ab, haben Tempo-Taschentücher und Aspirin parat und manchmal einen guten Ratschlag. Sie wählen für die Frau des Chefs das Geburtstagsgeschenk aus, sie kaufen den Blumenstrauß zum zehnjährigen Jubiläum der Kollegin, sie holen die Hemden des Chefs aus der Reinigung und bringen seine Schuhe zum Schuster, sie verleugnen ihn und schützen ihn, wenn er nicht gestört sein will, sie ertragen seine schlechte Laune, sind für ihn diskret, kämpfen für ihn und nicht selten um seinen Ruf, kurz, Sekretärinnen sind mehr als Tippsen: Sie sind die Diplomatinnen des Vorzimmers, die Höllenhunde vor dem Tor zur Unterwelt, die Gesellschafts- und manchmal auch Anstandsdamen im Herrenclub, Emanzen und Hausmädchen, Schlachtenlenkerinnen und Telefonstimmen, Spioninnen und Sprachrohre, Visitenkarten und Kotzbrocken.

Die Welt der GIRL*friends*

Büros sind Petzen. Psychogramme auf ein paar Quadratmetern. Da gibt es die schnittigen Kommandozentralen der Chefs. Die versifften Klausen der Künstler, wo glänzende Gedanken gedeihen und Reste von angedicktem Kartoffelsalat auf Kantinentellern verschimmeln. Die Käfige, wo die Arbeitstiere in Einzelarrest und schlechter Luft verwelken und wo der betriebsinterne Speiseplan an der Wand der Höhepunkt an dekorativem Geschick ist. Und es gibt die Arbeitsplätze dieser phantastischen Behaglichkeitsdesignerinnen, die ihre Schreibtische zu Kleinmuseen umfunktionieren. Die Job-Sharing betreiben mit Plüschtieren und Plastikviechern, die überall Abziehbildchen ankleben, die Kugeln mit Schneegestöber auf ihre Computer stellen und Lampen in Form dicker Froschkönige auf die Fensterbank. Die Rosen trocknen und ihren Ficus benjamini hätscheln.

GIRL_friends_   12

Die Welt der GIRL*friends*

«Das ist kein Hotel. Das ist ein Irrenhaus.»

Ronaldo Schäfer

15 **Die Welt der GIRL***friends*

«Du und ich, das ist doch die beste
Hass-und-Liebe-Truppe weltweit, was?»

Ilka

Seit neun Jahren begleiten mich die *Girlfriends* in meinem Leben, und wenn ich die viele Post und die starken Reaktionen des Publikums richtig deute, so gibt es eine Vielzahl von Menschen, denen es ebenso ergeht. Woran liegt das? Was ist das Besondere an den *Girlfriends*? Wir erzählen Geschichten von ganz normalen Menschen, von ihren großen und kleinen Sorgen, Glück und Leid, Liebe und Tod – aber das tun andere auch.

Ich glaube, der große Reiz liegt darin, dass wir in unseren Geschichten von Marie Malek, Ronaldo Schäfer, Gudrun Hansson und all den Anderen ein Märchen erzählen, ein modernes Märchen – ganz verkürzt: Aschenputtel kommt in die Stadt und bekommt am Ende, nach einigen Irrungen und Wirrungen, den Prinzen.

Aber auch das würde alleine nicht genügen, wenn nicht die Personen in den *Girlfriends* so um Wahrhaftigkeit bemüht wären: darum, herauszufinden, was das Richtige ist und nicht allein das Erfolgversprechende oder Beeindruckende. Und dies in einer Zeit, in der allüberall die Anbetung des Ego eine geradezu monströse Verherrlichung erlebt. In einer Zeit, in der so blödsinnige Sätze wie «Geiz ist geil!» oder «BILD sagt Dir alles über Dich!» an den Litfaßsäulen prangen.

Die von Empathie geprägten Personen im Zentrum von *Girlfriends* sind so herrlich unmodern, weil sie um das Wesentliche im Leben bemüht sind, sodass es überhaupt keine Rolle spielt, ob sie mit einem Porsche über die Landstraße brettern oder in einer Kutsche durch den Wald rumpeln. Sie sind von dem bewegt, was eine Vielzahl von Menschen umtreibt: Wo bin ich zu Hause? Auf wen kann ich mich verlassen? Wer bin ich überhaupt?

Ich erinnere mich noch gut daran, als ich im April 1994 die ersten drei Drehbücher las. Die Geschichten berührten und amüsierten mich, die Figuren sprachen, so kam es mir vor, wie im richtigen Leben, die Menschen wurden auf Knopfdruck lebendig, weil sie so etwas Echtes hatten, und ich wusste sofort: Das ist gut, das will ich spielen. Zum

Glück habe ich die Rolle dann auch bekommen, und schon damals hatte der Autor Christian Pfannenschmidt die Rolle wie für mich geschrieben, ohne mir je zuvor begegnet zu sein. Dann haben wir uns einige Monate vor dem Drehbeginn kennen gelernt, lange Gespräche geführt, über die Figuren und deren Entwicklung diskutiert. Ich begann, die Rolle des Ronaldo Schäfer mir zu Eigen zu machen, und je länger ich in dieser Serie arbeitete und je tiefer ich durch diese Arbeit in den Mikrokosmos der *Girlfriends* eindrang, desto mehr wurde dieser fremde Mensch, Mann, Held, den ich ja nur spielte, zur zweiten Haut.

An dieser Stelle hätte ich vielen zu danken: allen voran unseren Fans, die mich und uns alle so lange mit Begeisterung, Neugierde, Freude und Treue begleitet haben, dem ZDF und seinem Hauptabteilungsleiter Claus Beling, der von Anfang an dieses Projekt unterstützt und gefördert hat; der Produktion, meinen hoch geschätzten Kolleginnen und Kollegen und, weil wie im richtigen Alphabet auch das Filmemachen mit «A» beginnt, A wie: Autor, bei Christian Pfannenschmidt. Er liebt seine Figuren. Und er liebt uns, die Schauspieler. Was haben wir manchmal gerungen, um ein Wort, einen Satz, eine Drehung und Wendung! Was haben wir gestritten! Gelacht! Und am Ende: fast immer eine gute Lösung gefunden. In dieser künstlerischen Auseinandersetzung galt dabei immer das Prinzip: Nicht der Einzelne ist das Wichtigste, sondern was der Einzelne für den anderen, für die Gemeinschaft tut. Denn dann bekommt der Mensch das zurück, was er braucht. Diese letztlich einfache Wahrheit ist es, was die Menschen immer und immer wieder sehen und erzählt bekommen wollen, weil es ein warmes Licht in einen manchmal tristen und auch öden Alltag bringt.

Jetzt ist es Zeit für mich, von der Serie Abschied zu nehmen, aber die *Girlfriends* werden weitergehen, solange die Beteiligten mit Hingabe und Können daran arbeiten. Es war eine gute Zeit, und dieses Buch wird eine schöne Erinnerung sein, nicht nur für mich, sondern für viele Zuschauer und Fans. Ich bin froh, dass ich dabei sein durfte, und wünsche allen, die dabei bleiben, vor und hinter der Kamera, aber eben auch: vor dem Bildschirm, alles Gute und viel, viel Erfolg für die Zukunft.

Der Serienguide

Alle 66 Folgen,
Spin-offs und Who is who

GIRL*friends*

**Eine Serie von
Christian Pfannenschmidt**

Folge 1 / 2: Alles hat ein Ende

Ein modernes Luxushotel, mitten in der Stadt: Das Hansson Hamburg liegt auf der Fleetinsel, umgeben von alten Backsteingebäuden und postmodernen Glas-Stahl-Konstruktionen. Nicht weit zum Hafen oder, in die andere Richtung, in die Innenstadt, zur Alster. Die Sonne scheint. Vor dem Entree steht Herr Schmollke, klein und kompakt, offiziell der Portier, inoffiziell der gute Geist des Hotels. An ihm muss morgens jeder vorbei: Nicole Bast, Elfie Gerdes, Vera Klingenberg, die Mädchen aus dem Schreibpool. Nicole zieht im Vorbeigehen, offensichtlich ein vertrautes Ritual, aus Schmollis Cut-Tasche ein Hustenbonbon. Von der anderen Seite kommen Dr. Begemann, der Personalchef, seine Assistentin Daniela Holm und Frau Stade. Nicole und Daniela gucken sich kurz giftig an. Ein neuer Arbeitstag beginnt.

Der Direktor ist nicht da, sondern in New York: Er spricht vor dem Aufsichtsrats des Konzerns, eingeladen und vorgestellt von Bill Hansson höchstpersönlich. Ronaldo Schäfer, begleitet von seiner Sekretärin Ilka Frowein, macht seine Sache perfekt. Kein Zweifel: Dem karrierebewussten Hamburger Hotelmanager winkt ein Sitz im Stockholmer Vorstand.

In Hitzacker, der kleinsten Stadt Norddeutschlands, wo alles zweitausend Umdrehungen langsamer läuft, klingelt bei

Die drei vom Schreibpool: Nicole Bast, Elfie Gerdes und Vera Klingenberg

den Harsefelds das Telefon. Ilka aus New York! Sie will ihrer Freundin zum 35. Geburtstag gratulieren. Doch Marie Malek ist nicht auffindbar – sie ist mit Peter in der freien Natur beschäftigt –, erst beim zweiten Versuch kommt die Verbindung zustande. Man kennt sich seit der Sandkiste; «das ist wirklich eine treue Seele», kommentiert Mutter Harsefeld. Weniger treu ist Maries Verlobter: Sie muss beobachten, wie Peter mit Katrin heftigen Sex im Auto hat. Marie ist starr vor Schmerz.

Ein anderer Tag. Im Hansson Hotel gibt es die üblichen Rivalitäten zwischen den Mädchen vom Schreibpool und ihrer Vorgesetzten Frau Stade. Daniela Holm betreibt gemeinsam mit Dr. Begemann die Auflösung des Schreibpools. Auch andere träumen von Macht und Karriere. Der stellvertretene Direktor Saalbach macht sich Hoffnungen: Wenn Ronaldo nach Stockholm geht, würde er entsprechend aufrücken. Doch erst einmal kehrt die kleine Delegation nach erfolgreicher Mission zurück nach Hamburg. Auf Ilka wartet Frank, Schönheitschirurg mit begrenztem Horizont, auf Ronaldo seine Frau Ursula, wenig erbaut von der Aussicht, mit ihrem Mann und der gemeinsamen Tochter Heike bald schon wieder in eine anderes Land zu ziehen.

Marie ist stinksauer. In der Baumschule, wo sie arbeitet, wird sie von der Inhaberin getriezt. Peter, der es sich in ihrer Wohnung

Eine Etage höher: Dr. Begemann, Frau Stade und Daniela Holm

bequem gemacht hat, ist ein Schmarotzer, der von ihrem Geld lebt. Und jetzt betrügt er sie auch noch – als sie ihn zur Rede stellt, wird er pampig. Marie macht Schluss: mit der Baumschule, wo sie kündigt, und mit Peter, der auszieht zu Katrin. Trost findet sie bei ihren Eltern, den Harsefelds. Maries Stiefvater Erich Harsefeld hat eine gut gehende Schlachterei, die beste Adresse am Ort, mit einer treuen Stammkundschaft: Der Laden ist sein ganzer Stolz. Von Peter haben die Harsefelds nie etwas gehalten, sie versuchen, Marie den Gutsbesitzer Hofstädter ans Herz zu legen – der Mann hat ein Auge auf Marie geworfen, doch mehr als einen väterlichen Freund kann sie in ihm nicht sehen.

Bloß raus hier: Marie fährt für ein Wochenende zu ihrer Freundin Ilka nach Hamburg. Endlich sich einmal richtig ausquatschen. Ja, man müsste noch einmal neu anfangen, ein ganz neues Leben – und schon bekommt Marie Angst, sie ist doch keine Powerfrau wie Ilka. Die ergreift für ihre Freundin die Initiative: «Weißt was: Du bleibst bis Montag. Ich mache dir einen Termin bei unserem Personalchef. Da stellst du dich vor.»

Dr. Begemann lässt die leicht einzuschüchternde Marie abfahren: Englisch? Französisch? Weitere Fremdsprachen? Steno – wozu braucht man das noch? Ein international tätiger Hotelkonzern ist etwas anderes als eine Gärtnerei … Und schon

schiebt der Personalchef das Landei raus aus seinem Büro.

Enttäuscht und niedergeschlagen fährt Marie zurück nach Hitzacker. Der betriebsinterne Konflikt um den Schreibpool wird von Ronaldo entschieden: Keiner brauche befürchten, dass die Abteilung aufgelöst und die Arbeit nach auswärts vergeben werde, im Gegenteil: Die offene Stelle werde neu besetzt. So steht Ilka plötzlich wieder in Hitzacker vor Maries Tür.

Sie ist unsicher, lehnt ab: So gut kann sie doch gar nicht Schreibmaschine. Und dann auch noch Hamburg: «Die Stadt ist mir viel zu groß, zu hektisch. Das bin ich nicht.» Nun wird Ilka aber langsam sauer. Sie setzt sich ins Auto, doch am Straßenrand steht Marie, den Tramper-Daumen im Wind: «Fahren Sie nach Hamburg?»

Folge 3: Höhenangst

Marie ist unglücklich: Die Begrüßung am neuen Arbeitsplatz fiel ausgesprochen frostig aus. Anfängerin mit Beziehungen in die Chefetage – «Spione» hat man nicht gern im Schreibpool. Frau Stade, ihre Vorgesetzte, ist eklig zu ihr, die Kolleginnen behandeln sie mit kühler Reserve und schieben ihr die undankbaren Aufgaben zu. Marie ist froh, wenn das Wochenende kommt und sie nach Hitzacker entfliehen kann.

Ilka hatte ihr angeboten, zunächst bei ihr einzuziehen. Aber sie macht kein Hehl daraus: Auf Dauer ist die Wohnung zu klein für drei. Biene, die Labradorhündin, die Marie aus Hitzacker mitgebracht hat, passt nicht recht in die Stadt. Auch sind die beiden Freundinnen doch recht verschieden, was Naturell, Lebensgefühl und Geschmack betrifft. Allein schon all der Kruschtelkram und Nippes, mit dem Marie Ilkas Wohnung voll stellt …

Ihre Männergeschichten könnten nicht unterschiedlicher sein. Ilka hat ihren Frank gut in Griff: Sie erwischt ihn beim Seitensprung, wäscht ihm wegen seiner «Karnickelmentalität» den Kopf, worauf er ihr glatt einen Heiratantrag macht. Ilka lacht nur. «Dass du immer alles so locker siehst», kann sich Marie nur wundern.

Peter, Maries Ex, taucht plötzlich in Hamburg auf. Er erwartet sie in der Wohnung, hat das Essen bereits auf dem Herd und ist ganz lieb – Marie, die romantische Seele, ist kurz davor, auf den Verflossenen wieder hereinzufallen. Doch am nächsten Morgen wird klar: Peter braucht dringend Geld. Als sie ablehnt, zieht er andere Saiten auf und wird unangenehm: Schließlich habe sie bei der Sparkasse für ihn gebürgt …

Einblick in den Hotel-Kosmos: Der stellvertretende Direktor Dieter Saalbach ist ein Sexmaniac. Er stellt Nicole nach und hat gleichzeitig eine heiße Affäre mit Da-

Die Wohnung ist zu klein für drei: Marie und Biene sind bei Ilka eingezogen

25   **Serienguide**

niela Holm. Ronaldos Karrierestrategie wird durchkreuzt von seiner Frau Ursula, und auch Tochter Heike, Ethnologie-Studentin, setzt ihren Willen durch: Sie geht für ein Jahr nach Neuseeland.

Marie wendet sich in ihrer Not an die Eltern in Hitzacker. Biene kann bleiben, die Hündin übernehmen sie. Aber Geld geben sie ihr nicht – vor Peter haben sie immer gewarnt, da muss Marie selbst sehen, wie sie klarkommt. Entmutigt fährt sie zurück. Vom Land bringt sie einen Korb voll Obst und Gemüse mit für die Kolleginnen und bricht so das Eis. Da nimmt sie gern Nicoles Party-Einladung an.

Der Abend wird peinlich. Es handelt sich um eine Dessous-Party, in die auch noch Ben, Nicoles Bruder, hereinplatzt. Immerhin, er hat vielleicht für Marie eine Wohnung, die sie tags darauf besichtigt. Fünfter Stock, Marie hat doch Höhenangst und mag nicht mit dem Lift fahren. Andererseits: Die Wohnung ist schön, jedoch unerschwinglich – Ben will auch noch Abstand.

Als vor lauter Problemen Marie gar nicht mehr weiter weiß, kommt ein Brief aus Hitzacker. «Ich lasse mein Mädchen nicht hängen. Anbei ein Scheck.» Erich Harsefeld hat noch ein P. S. hinzugefügt: «Nichts Mami sagen!»

Hektik im Schreibpool

Marie stürmt los zu Ben, zögert kurz und nimmt dann den Lift. Kurz darauf steht sie mit Ben auf dem Balkon. Ein herrliches Panorama – Hamburg im Abendlicht. Sie nimmt die Wohnung. «Keine Angst mehr?» Marie: «Nur noch ein bisschen.»

Folge 4: Verknallt

Marie macht sich ihr neues Heim gemütlich. Die Elefantenherde erhält ihren Platz. Der Vormieter scheint das Feld gar nicht räumen zu wollen – Ben hat sich nämlich in Marie verliebt, und sie hat Mühe, ihn auf Distanz zu halten.

Im Schreibpool ist es gerade etwas ruhig. Vera macht einen vergeblichen Vorstoß bei Frau Stade: Private Nöte – Vera muss ihren Kleinen allein großziehen – interessieren nicht, eine Gehaltserhöhung ist nicht drin.

Frau Stade wendet sich wieder dem Telefon zu, um sich mit ihrem «Pützelchen» zu verabreden. (Die Girlfriends zerreißen sich seit langem darüber das Maul, doch es handelt sich nicht um einen Liebhaber, sondern um ihre alte Mutter, die im Rollstuhl sitzt und ihre Tochter terrorisiert.) Marie erhält einen Anruf aus Hitzacker: Biene ist verschwunden!

Ilka, zuständig für Ronaldo und Saalbach, wird die Arbeit zu viel. Es muss im Direk-

tionsbüro eine zweite Sekretärin geben, eine hausinterne Lösung wird gesucht. Daniela sorgt dafür, dass nicht etwa die attraktive Nicole aufrückt, sondern Saalbach den alten Drachen Stade als Vorzimmerdame bekommt.

Jubel im Schreibpool: Die Stade ist man los! Elfie, die wirklich keinen Ehrgeiz in dieser Richtung hat, wird die neue Leiterin. Nicole ist enttäuscht – ihr Flirt mit Saalbach hat also nichts genützt.

Ein freundlicher älterer Herr mit Aktentasche taucht im Hotel auf und wartet an der Rezeption auf Marie. Herr Bräunlich ist Gerichtsvollzieher und präsentiert einen Pfändungs- und Überweisungsbeschluss. Der verfluchte Peter! Marie gerät in Panik – das Auto kann sie verkaufen, aber das bringt keine 20 000 Mark! Was soll sie nur machen? Höchst ungern leiht sie sich das Geld von Ilka.

Das Hotel im Morgengrauen, noch ist niemand unterwegs. Ben malt auf dem Pflaster mit Kreide einen riesigen Elefanten, der es groß heraustrompetet: «Ben liebt Marie». Die Angebetete bekommt davon nichts mit – als Marie morgens zur Arbeit erscheint, hat die Putzkolonne längst für klar Schiff gesorgt.

Ben ist beleidigt, weil Marie seine Liebeserklärung mit keiner Silbe erwähnt. Aber dann klärt sich alles auf, Marie ist gerührt, und am Ende gibt es eine Liebesnacht. Der Morgen danach wird von einem anderen Liebesbeweis gekrönt: Die verschollene Biene sitzt vor der Wohnungstür – die treue Hündin ist den langen Weg von Hitzacker nach Hamburg gelaufen, um wieder bei Marie zu sein.

Folge 5: Schrecksekunden

Ein Luxushotel ist keine Absteige für Penner, und einen abgerissenen Eindruck macht der Gast, der an der Rezeption eincheckt. Abweisen kann man den Mann nicht, aber man lässt ihn spüren, dass er nicht ins Hansson gehört. Der Hausdiener behandelt ihn von oben herab, und die Sonderwünsche des Herrn werden in der Hotelbar missmutig entgegengenommen. Nur Marie hilft ihm freundlich weiter. Der seltsame Gast ist niemand anderes als Bill Hansson, der inkognito den Service in seinen Hotels testet. Vom Hamburger Hansson erhält er keinen guten Eindruck.

Ben und Marie, das neue Liebespaar, machen zusammen mit Frank und Ilka ein Picknick. Marie legt Karten – und schiebt sie schnell wieder zusammen, als sie ein schlimmes Unglück in den Karten sieht. Den anderen sagt sie nichts. Man beschließt, an einem der nächsten Wochenenden zu viert nach Sylt zu fahren. Marie muss zwar sparen, aber sie war noch nie auf der Insel, und Ben lädt sie ein.

Wochenende: Picknick im Grünen, Marie legt die Karten

Ronaldo ist für ein paar Tage in Baden-Baden. Sein Stellvertreter trifft sich nach Feierabend mit einem Herrn Drommert von der Townhouse-Hotelgruppe. Saalbachs Ideen stoßen bei Hansson nicht auf Gegenliebe, deshalb pflegt er dubiose Kontakte mit der Konkurrenz. Auch privat läuft es nicht. Daniela, die genauestens beobachtet, wie Saalbach sich an Nicole heranmacht, macht Stress: Er soll sich endlich scheiden lassen.

Büroalltag: Elfie verschafft, überraschenderweise unterstützt von Daniela, der unterbezahlten Vera eine Gehaltserhöhung. Im Schreibpool gibt es eine Computerschulung: Ein junger Mann führt das neue Grafikprogramm vor. Zwischen Albert und Vera hat es offenbar gefunkt, obwohl beide, beziehungsgeschädigt, etwas schüchtern sind.

Wochenend und Sonnenschein: ein herrlicher Tag auf Sylt, mit Dünen, Strand und Meer. Die ungleichen Freundinnen Marie und Ilka können sich wieder einmal aussprechen, und auch Frank und Ben haben Gesprächsstoff. Im berühmten Sansibar treffen sie prompt einen Promi: Achim Reichel. Marie fasst sich ein Herz: Nein, sie will kein Autogramm, sie gibt dem Musiker ein Demotape von Ben.

Im Hotel kommt es zum Eklat, als der seltsame Gast abreist. Er streitet mit Saalbach über die Rechnung und erhält eine Abfuhr.

In diesem Moment erscheint Ronaldo, erkennt Hansson sofort – und Saalbach bekommt den Schock seines Lebens. Das Personal und die Bedienung erhalten eine Standpauke vom Big Boss persönlich: «Und wenn er Club-Sandwich mit Apfelmus haben will – Sie bringen es dem Gast: freundlich, flink, selbstverständlich.» Saalbach, der sich Hoffnungen als Nachfolger Ronaldos gemacht hat, hat verschissen. Nur eine Person wird von Hansson in Abwesenheit gelobt: Marie Malek.

Das Wochenende ist vorbei, fröhlich machen sich die Sylt-Fahrer auf die Heimreise. Auf der Landstraße passiert es: Ilka verliert in einer Kurve die Kontrolle über Franks Porsche, der Wagen überschlägt sich.

Folge 6: Indiskret

Nach dem schweren Unfall fällt Ilka mindestens sechs Wochen aus. Ronaldo bittet Marie, die Freundin zu vertreten, und hat gleich noch eine Spezialaufgabe für sie. Für Hansson in Stockholm soll sie eine Analyse des deutschen Marktes erarbeiten, in Englisch und streng vertraulich. Irgendwie verpasst Marie den Zeitpunkt, wo sie noch hätte nein sagen können – sie kann doch kaum Englisch, ist von der Aufgabe überfordert. Aber dem Charme und Vertrauensvorschuss Ronaldos erliegt sie, und nun ist es zu spät: Freitag nächster Woche soll das Exposé auf dem Tisch liegen.

Von der Stade ist keine Hilfe zu erwarten. Sie macht keinen Hehl daraus, dass sie Marie für unfähig hält. Sie und Daniela verbünden sich gegen Nicole. Dieser Person wird man das Handwerk legen, so «peu à peu», wie es die Art von Frau Stade ist.

In ihrer Verzweiflung bespricht Marie ihr Problem mit den Kolleginnen aus dem Schreibpool. Sie sind Feuer und Flamme: Gemeinsam wird man es wuppen. Kleinlaut weist Marie noch einmal darauf hin: Ist doch streng vertraulich ... Die Girlfriends wischen diese Bedenken beiseite: Erfährt doch niemand. Leider bekommt Daniela etwas davon mit und informiert prompt Ronaldo.

Sein Stellvertreter hat ein Geheimtreffen mit der Konkurrenz. Drommert macht kein Geheimnis daraus: Man will Hansson schlucken, Saalbach soll für sie als Maulwurf arbeiten. Man wisse, dass seine Stellung bei Hansson angeschlagen sei (und seine Dienste würden, sobald die Sache perfekt ist, belohnt mit einem Vorstandsposten bei Townhouse).

Marie wird zum Direktor zitiert. Ronaldo ist außer sich. Das sind streng vertrauliche Unterlagen – nicht auszudenken, wenn davon die Konkurrenz erfährt! Er schickt die bedribste Marie vor die Tür.

«Alle zerren an mir, und keinem kann ich es recht machen.» Marie klagt den Eltern ihr Leid. Frau Harsefeld rät: Nicht flüchten, sondern standhalten. Mach die Arbeit bis Freitag fertig und komm am Wochenende nach Hitzacker, dann werden wir dich wieder aufbauen. – Gesagt, getan. Das Exposé ist rechtzeitig fertig. In der letzten Woche hat Ben nichts von Marie gesehen, nun stellt sie ihren neuen Freund den Eltern vor. Und teilt ihren Entschluss mit, im Hotel zu kündigen.

Montagmorgen. Marie findet auf ihrem Schreibtisch einen handschriftlichen Zettel vor: «Tolles Exposé! Tausend Dank! Bin stolz auf Sie! Ronald Schäfer». Marie strahlt, doch die Stade macht nur eine abfällige Bemerkung.

MARIE (nimmt die Kündigung aus ihrer Tasche) *Wissen Sie, was das ist, Frau Stade?*

STADE *Woher sollte ich?*

MARIE *Das ist meine Kündigung.*

STADE *Das nenne ich eine freudige Überraschung.*

MARIE *Sehen Sie, eine Kündigung auch Ihretwegen.*

STADE *Dann hat sich meine Mühe wenigstens gelohnt, Frau Malek.*

MARIE *Aber nun bleibe ich. Auch Ihretwegen!* Sie zerreißt die Kündigung, Frau Stade ist baff. Ihr Telefon bimmelt, sie hebt nicht ab.

MARIE *Denn langsam kriege ich Geschmack am Kämpfen! Liebe Frau Stade!* (deutet auf das Telefon) *Wollen Sie nicht rangehen?*

Folge 7: Stocksauer

Marie verabredet sich mit einem alten Verehrer: Der Gutsbesitzer Hofstädter kommt nach Hamburg, sehr gern sogar, denn er macht sich Hoffnungen. Doch als er im Hansson eintrifft, ist Marie gerade bei Ilka im Krankenhaus.

Der Krankenbesuch. Ilka ist ungeduldig, hält die erzwungene Untätigkeit kaum noch aus. Das Gespräch droht zu entgleisen: Ilka nimmt es Marie übel, dass diese sie so perfekt bei Ronaldo vertritt …

Erfolg beflügelt. Maries Exposé ist gut angekommen, nun entwickelt sie gleich eine neue Idee: Romantik-Hotels auf dem Lande. Ronaldo ist anfangs skeptisch, aber Marie entwickelt ein überzeugendes Konzept, das Nostalgie und Ökologie verbindet. Und sie hat sogar schon ein Objekt im Auge, das sich als Pilot-Projekt Country Hotel bestens eignen würde: Hofstädters Gutshof. Nur ahnt der Besitzer noch nichts davon.

Erfolg schafft Feinde, das ist die andere Seite. Saalbachs eigenes Konzept, das Futura Hotel für Jungmanager («ein Büro zum Schlafen»), ist in Stockholm abgelehnt worden. Seine Kontakte zur Konkurrenz werden ihm zum Verhängnis: Drommert setzt ihn unter Druck, jetzt will man etwas sehen – und Saalbach liefert: Er kopiert Maries Exposé.

Ilka hält es nicht länger im Krankenhaus aus: Auf eigene Verantwortung wird sie entlassen. Doch als sie, noch auf Krücken, das Haus verlässt, passiert ein schlimmer Unfall: Sie wird in der Automatiktür eingeklemmt, muss erneut operiert werden. Letztlich führt ihre Ungeduld nur dazu, dass sich ihr Krankenhaus-Aufenthalt auf unbestimmte Zeit verlängert.

«Passen Sie auf. Die breitet sich in letzter Zeit ganz hübsch aus.» Frau Stade sitzt an Ilkas Krankenbett und gießt Öl ins Feuer. Als später Marie erscheint, ist die Atmosphäre ausgesprochen frostig. Ilka wirft Marie vor, mit ihrem Ehrgeiz und Egoismus ihre Freundschaft zu zerstören. Marie ist den Tränen nahe, aber unterbuttern lassen will sie sich nicht: Die Stellung im Büro, die Anerkennung Ronaldos verdankt sie ihrer Leistung.

Der Abend wird sehr nett, auch wenn Marie deshalb Ben versetzen muss. Hofstädter ist ganz Gentleman alter Schule; Marie gefällt das schon, sie genießt die Aufmerksamkeiten des väterlichen Freundes. Er gesteht ihr seine Liebe, legt ihr die Welt zu Füßen – und doch muss Marie ihn enttäuschen: «Bitte! Ich mag Sie wirklich sehr gerne. Aber ich liebe Sie nicht.» Hofstädter reist wieder ab, desillusioniert. Er ist jetzt fünfzig, wird seinen Hof verkaufen und mit dem Geld ein neues Leben anfangen, etwa eine Finca auf Mallorca erwerben. Dann könnte er doch eigentlich seinen Hof an Hansson verkaufen – nein, das traut sich Marie dann doch nicht, Hofstädter in diesem Moment diesen Vorschlag zu machen.

Folge 8: Ausgeflippt

Das war Maries Idee: Die Sekretärinnen, die für ihre Chefs die Zimmer im Hansson Hotel buchen, auf Kosten des Hauses einzuladen. Ronaldo hat ihr freie Hand gelassen, und so stürzt sie sich mit Schwung und Enthusiasmus in die Gestaltung des Abends. Ben wird für die Musik engagiert.

Eine perfekte Sekretärin vergisst nicht den Hochzeitstag des Chefs. Marie besorgt im Auftrag Ronaldos eine Brosche zur Silberhochzeit. Die Tage vor dem großen Ereignis stehen jedoch unter einem unglücklichen Stern: Ursula Schäfer, die seit längerem unter Schmerzen klagt, aber nicht zum Arzt geht, hat einen Schwächeanfall.

Ilka ist aus dem Krankenhaus entlassen worden, wird von Frank zu Hause umsorgt. Sie ärgert sich schwarz, weil Marie so gut bei Ronaldo angeschrieben ist – er will sie, so wie er es früher mit Ilka gemacht hat, mitnehmen auf seine Stockholm-Reise. Ilka fühlt sich bereits abgeschrieben: Wie soll das nur werden, wenn sie nächste Woche wieder ins Büro geht und Marie schon auf ihrem Stuhl sitzt?

Ilka wird von ihrem Freund Frank getröstet

Fünfzig Sekretärinnen hat Marie eingeladen. Sonst umsorgen sie ihre Chefs, nun werden sie bedient (und können einmal ausgiebig über ihre Chefs klagen). Es wird ein ausgesprochen lustiger Abend, dafür sorgen schon die kostenlosen Drinks. Da nicht alle gekommen sind, lädt Marie auch die Schreibpool-Damen nebst Anhang ein. Saalbach gefällt die ganze Aktion nicht, da ist er sich mit der Stade einig.

An ihrer Silbernen Hochzeit führt Ronaldo seine Frau Ursula groß aus. Überraschend erscheint Tochter Heike, extra angereist aus Neuseeland.

Sonntagmorgen. Marie bereitet sich auf ihre erste Geschäftsreise vor: Sie liest die «Financial Times», dabei kann sie doch kaum Englisch ... Ronaldo will Hansson das Country-Hotel-Konzept präsentieren, Marie ist entsprechend stolz. Doch dann kommt ein Anruf: Ronaldo teilt mit, dass es seiner Frau wieder schlecht geht, die Reise nach Stockholm abgesagt ist.

Folge 9: Unverdünnte Hölle

Marie, die fröhlich und gut gelaunt ins Büro kommt, traut ihren Augen nicht: An ihrem Platz sitzt Ilka. Die Begrüßung fällt spröde und kühl aus – Marie kann ihre Sachen packen, sie wird hier nicht mehr gebraucht. Frau Stade beobachtet die Szene voller Schadenfreude.

Einmal selbst verwöhnt werden: Sekretärinnen-Empfang

Alle sind gegen sie, bilden eine gemeinsame Front: der stellvertretende Direktor Saalbach, Personalchef Begemann. Und Ronaldo ist nicht da, selbst telefonisch nicht erreichbar: Er ist bei seiner Frau im Krankenhaus. Mit ihren Initiativen hat Marie sich Feinde geschaffen, die nun ihre Stunde gekommen sehen. Und formal haben sie auch recht: Marie hat im Direktionsbüro die kranke Ilka vertreten, nun muss sie wieder zurück in den Schreibpool.

Marie erlebt einen Albtraum. Sie wird ins Personalbüro bestellt und erhält von Begemann eine Abmahnung wegen des Sekretärinnen-Empfangs. Ausgerechnet jetzt kommen die Harsefelds, ganz die stolzen Eltern, aus Hitzacker zu Besuch, wollen einmal Marie an ihrem Arbeitsplatz in der Großstadt besuchen. Marie gerät ins Schwitzen, ganz kann sie ihre Sorgen nicht verheimlichen. Vater Harsefeld schiebt ihr einen Scheck zu: So kann sie zumindest das Geld, das sie sich von Ilka geliehen hatte, zurückzahlen und ist ihr in dieser Hinsicht nichts mehr schuldig.

Ursula Schäfer wird aus dem Krankenhaus entlassen. Man hat einen Tumor festgestellt; die Operation hat sie gut überstanden. Ronaldo hat einen Entschluss gefasst: Er fliegt nach New York und teilt dem Hansson-Vorstand mit, dass er aus persönlichen Gründen den Posten in Stockholm nicht antreten kann. Ronaldo und Heike

Marie passt es im Moment gar nicht: Die Eltern Harsefeld zu Besuch im Hansson

kümmern sich liebevoll um Ursula, die noch blass und geschwächt ist, aber darauf besteht, dass die beiden einen Ausflug ohne sie machen. Als sie zurückkommen, sitzt Ursula mit geschlossenen Augen friedlich im Lehnstuhl – tot.

Folge 10: Flucht nach vorn

«So geht das nicht weiter. Ihr macht alle, was ihr wollt! Bloß nicht, was ihr sollt!» Elfie, die sich in ihrer Rolle als Leiterin des Schreibpools sichtlich unwohl fühlt, hat ja recht: Die Girlfriends sind vor allem mit privaten Problemen beschäftigt – Vera kommt nur mühsam mit Albert voran, während Nicole bereits das Brautkleid für die Hochzeit mit Thorsten anprobiert. Und Marie, die ihre Rückkehr in den Schreibpool als Degradierung empfindet, hat erst recht keine Lust mehr. Sie bewirbt sich bei der Konkurrenz, stellt sich bei Drommert im Townhouse Hotel vor.

Das Leben geht weiter. Nach dem Verlust seiner Frau hat Ronaldo Mühe, die Arbeit im Hotel wieder aufzunehmen. Marie wird jedoch, dafür sorgen Ilka und die Stade, nicht bei ihm vorgelassen. Als Ronaldo dann doch von der Intrige erfährt, stellt er sich demonstrativ vor Marie und faltet das Trio Saalbach / Begemann / Stade zusammen. Derartige Mobbing-Methoden duldet er in seinem Hotel nicht.

Vera hat es übernommen, für Nicole das Brautkleid zu nähen

Marie hat indessen eine Woche Urlaub, sie genießt die freien Tage zu Hause in Hitzacker. Sie besucht auch Hofstädter auf seinem Hof, der zum Verkauf steht. Mit dem väterlichen Freund kann sie sich aussprechen, berichtet ihm auch von dem schwierigen Verhältnis zu Ilka. Hofstädter hält ihr eine Standpauke: Sie müsse auch Verständnis für Ilkas Position haben. Seine Worte bleiben bei Marie nicht ohne Wirkung.

Ilka hat noch andere Sorgen. Sie hat ihre Handtasche verloren, die einem ekligen Lüstling in die Hände gefallen ist. Nur mit größter Mühe kann sie ihn in die Flucht schlagen, doch der Mann belästigt sie weiter mit obszönen Anrufen. Die Entwicklung im Hotel, wo Marie wieder Oberwasser hat, führt dazu, dass Ilka sich einige Tage frei nimmt. Ihr Freund Frank macht ihr einen Vorschlag: Statt Chefsekretärin im Hotel könnte sie doch Teilhaberin in seiner Klinik werden.

Die Stade entschuldigt sich kleinlaut bei Marie. Sie räumt ihren Platz im Direktionsbüro und wechselt in die Personalabteilung. Das könnte die Lösung sein: nun ist Platz sowohl für Ilka wie für Marie im Direktionsbüro. Das Versöhnungsgespräch zwischen ihnen droht umzukippen, bald geraten sie ins alte Fahrwasser, machen sich gegenseitig Vorwürfe. Doch dann klingelt das Telefon: Es ist wieder der Mann, der Ilka nachstellt. Marie hat erkannt, woher der Anruf kommt: aus der Telefonzentrale des Hotels. Sie rast runter, zerrt den Mann aus der Kabine und stellt ihn zur Rede – auf eine Art, wie wir es Marie nie zugetraut hätten. Am Ende gibt sie ihm den Rat, sich zu verpissen und sich nie wieder sehen zu lassen.

Die mutige Tat kittet auch wieder das Verhältnis zwischen den Frauen: «Sind wir nun wieder beste Freundinnen?», fragt Ilka, und Marie bestätigt strahlend: «Freundinnen fürs Leben!»

Folge 11: Abwärts

Die verschobene Geschäftsreise wird nachgeholt: Ronaldo fliegt mit Marie nach Stockholm. Sie hat das überarbeitete Konzept für das Projekt Country-Hotel in der Tasche, das auf begeisterte Zustimmung stößt. Der alte Hansson ist von Marie beeindruckt und erkennt sofort, dass mehr in ihr steckt: Er bietet ihr auf der Stelle einen Posten in der Stockholmer Zentrale an. Der Boss will sie an die Angel nehmen, daraus macht er keinen Hehl: «Fische fängt man ja auch nicht, um sie später wieder ins Wasser zu werfen.» Das geht Marie dann doch zu schnell, auch will Ronaldo seine Mitarbeiterin in Hamburg nicht verlieren. Die beiden sind nicht nur ein gutes Team: Zwischen ihm und Marie herrscht mehr als nur Sympathie, das schwingt unausgesprochen auf der ganzen Reise mit.

GIRL*friends* **36**

Ende einer Freundschaft: Saalbach hat Ronaldos Pläne an die Konkurrenz verraten

Saalbachs Scheidung ist durch, er sucht Trost. Doch weder Daniela noch Nicole wollen länger etwas von ihm wissen. Und Drommert setzt ihn unter Druck: Nun will man endlich Fakten – wie ist die strategische Ausrichtung des Hansson-Konzerns? Saalbach muss etwas liefern, und so reicht er bei einem Restaurant-Treffen Maries Konzept weiter. Zufällig sitzen, unbemerkt von ihm, Marie und Ilka im selben Lokal. Fassungslos beobachtet Marie die Szene: Sie weiß, wer Drommert ist, und sie kennt das Dossier, das er in der Hand hält … «Der Saalbach ist doch eine linke Säge», kommentiert Ilka. Dass sie gekündigt hat, erzählt sie Marie nicht, davon weiß bisher nur einer: Ronaldo.

Als Marie Ronaldo erzählt, dass sein Stellvertreter und Freund die Konzernstrategien an die Konkurrenz verrät, fackelt der nicht lange: Er entlässt Saalbach fristlos. Bis abends Punkt 18 Uhr hat er die Übergabe abzuwickeln, danach darf er sich nicht mehr blicken lassen – Hausverbot! Saalbach ist am Boden zerstört.

Feierabend. Beim Verlassen des Hotels giften sich Nicole und Daniela wieder einmal an, ein Wort gibt das andere, und sie werden sogar handgreiflich. Da entdecken sie plötzlich auf dem Dach des Hotels einen Mann: Saalbach, der mit seinem Leben Schluss machen will. Die beiden Frauen rennen ins Haus, nach oben, aufs Dach und reden auf den Lebensmüden ein, bis

37 Serienguide

er aufgibt und sich von ihnen abführen lässt.

Folge 12: Zündstoff

Marie präsentiert Ronaldo Fotos von Hofstädters Gutshof: zweifellos das geeignete Objekt für das erste Hansson Country-Hotel. Hofstädter will verkaufen. «Frage ist nur: zu welchem Preis. Und: ob an uns.» Ronaldos Skepsis wischt Marie beiseite: «Das kriege ich hin.»

Ronaldo will sich selbst ein Bild machen: Lokaltermin. Mit Marie besucht er Hofstädter in Hitzacker. Der Gutsbesitzer ist Geschäftsmann, er lässt sich nicht übers Ohr hauen, im Gegenteil – er weiß zu pokern. Ronaldo spürt zudem, dass zwischen Hofstädter und Marie etwas Privates mitschwingt, was ihm gar nicht gefällt.

Gereizt verlassen sie ohne ein Ergebnis den Gutshof. Überraschend schlägt Ronaldo vor, die Gelegenheit zu nutzen und bei Maries Eltern vorbeizuschauen. Da wird von den Harsefelds die große Wurstplatte aufgefahren, dabei ist Ronaldo – wer kann denn so etwas ahnen – Vegetarier. Trotzdem, die familiäre, herzliche Atmosphäre gefällt Ronaldo.

Ilkas Abschied soll gebührend gefeiert werden. Marie schlägt den Gutshof vor, und so wird aus der Veranstaltung eine Art Be-

triebsausflug für das Hansson-Personal. Bevor er seine Rede hält, nimmt Ronaldo Ilka beiseite. Er bietet ihr die Nachfolge von Saalbach an: Ilka könnte seine Stellvertreterin werden. Sie sollte sich das überlegen, aber vorläufig niemanden davon erzählen, auch Marie nicht.

Am nächsten Morgen sind alle groggy, nur Ronaldo ist bester Laune. Er fliegt für einen Tag nach Stockholm – das Country-Hotel – und bittet Marie, ihn vom Flughafen abzuholen. Sie wartet nicht alleine am Ankunftsterminal: Frank holt Ilka ab, die – Marie wundert sich – ebenfalls bei Hansson in Stockholm war. Unter dem Vorwand, ihr gleich vom Fortgang des Projekts berichten zu wollen, führt Ronaldo Marie in seine Villa. Es wird ein gemütlicher Abend, bei dem nichts Geschäftliches besprochen wird, sondern Ronaldo aus seinem Leben erzählt. Zwischen den beiden hat es gefunkt, aber Marie will sich nicht auf eine Beziehung mit dem Chef einlassen.

Bei Frank und Ilka gibt es heftigen Streit: Ihm stinkt es, dass sie nun doch nicht bei der Klinik mitmacht und eine Karriere als stellvertretende Direktorin seinem Angebot vorzieht.

Das Betriebsklima ist gereizt, Ronaldo wirkt nervös und gibt sich Marie gegenüber seltsam kühl. Sie mag sich ihre Liebe zu Ronaldo nicht eingestehen, außerdem ist da noch Ben. In letzter Zeit haben sie sich selten gesehen, Ben ist mit seiner ersten CD vollauf beschäftigt (und mit der Sängerin Linda, aber davon ahnt Marie nichts). So kann es nicht weitergehen.

Marie versucht, Ronaldo telefonisch zu erreichen – besetzt. Er versucht das Gleiche, Ergebnis: siehe oben. Kurz entschlossen setzt sich Marie ins Auto. Ronaldo hatte denselben Gedanken. An einer Kreuzung treffen sie sich. Sehen sich ungläubig an, vergessen den Verkehr und den strömenden Regen. Und liegen sich endlich in den Armen.

Folge 13: Kuss oder Schluss

«Ronaldo – ich kann das nicht.» Marie hat abends vor dem Hotel auf ihn gewartet. Jetzt gehen sie an der Alster spazieren, und Marie erklärt ihm ihre Grundsätze: Dass man Beruf und privat nicht miteinander vermischen soll.

Seit Wochen hat Marie nichts mehr von Ilka gehört, und so sucht sie eines Tages Franks Schönheitsklinik auf. Doch eine Frau Frowein kennt man hier nicht. Frank kommt hinzu und klärt Marie auf: Ilka hat den Job nie übernommen, absolviert stattdessen in Stockholm einen Lehrgang bei Hansson. Marie fällt aus allen Wolken: «Aber warum erzählt sie mir sowas nicht?»

Endlich liegen sie sich in den Armen

Ilka taucht wieder auf – im Hansson Hamburg, eine Woche früher als erwartet. Zur allgemeinen Verblüffung, Marie eingeschlossen, bezieht sie Saalbachs Zimmer. Marie fühlt sich vor den Kopf gestoßen, von ihrer Freundin, aber auch von Ronaldo. Es kommt zu einem handfesten Krach. Die Stade beobachtet die Szene und zieht ihre Schlüsse: «So streitet eine Frau nicht mit ihrem Chef, wenn sie nur seine Sekretärin ist.»

Die Love-Story Nicole und Thorsten ist auch nicht ohne Turbulenzen. Sie streiten über die Trauzeugen, versöhnen sich aber wieder.

Gerüchte über eine Affäre zwischen Marie und Ronaldo schwirren durchs Haus. Marie erklärt Ilka kategorisch: «Du kannst dich beruhigen. Erstens war noch nichts. Zweitens wird es nichts. Weil ich nicht will.» Doch Gefühle lassen sich nicht einfach ausknipsen. Hofstädter, der nach dem Verkauf des Gutshofes noch einmal bei Marie vorbeischaut, gibt ihr einen väterlichen Rat: «Hören Sie auf Ihr Herz. Und leben Sie nie, niemals gegen Ihr Gefühl.»

Elfie macht immer so seltsame Andeutungen, wenn es um das Paar Albert/Vera geht. Der druckst herum, denn er will schon lange Vera etwas beichten. Dann verabreden sie sich in einem Café, das er ausgesucht hat. Albert meint, sie solle sich einmal genauer umschauen – ob ihr etwas auffallen

würde? Es sind vor allem Männer im Lokal: ein Schwulen-Café. Doch Vera weiß längst Bescheid, sie braucht diesen Wink mit dem Zaunpfahl nicht. Und hält trotzdem an ihrer Liebe zu Albert fest.

Auch Marie hat etwas zu klären: Sie will mit Ben reinen Tisch machen. Es wird ein lustiger Spieleabend, doch irgendwie verpasst sie die Gelegenheit, über ihre Beziehung zu reden. So muss Nicole eingreifen. Marie brauche kein schlechtes Gewissen zu haben: Ihr Bruder habe seinerseits eine Affäre mit der Sängerin Linda. Keiner wollte den anderen verletzen, doch nun ist es raus, und beide sind erleichtert. Marie und Ben werden Freunde bleiben.

Eine Limousine fährt vor: Hansson ist gekommen, um die Weichen für das Country-Konzept zu stellen und eine Deutschland-Niederlassung zu gründen. Chef von Hansson Germany wird Ronaldo. Überraschend wird Marie in die Konferenz gerufen: Der Big Boss persönlich zeichnet sie als Mitarbeiterin des Jahres aus.

Hochzeit. Das Brautpaar Thorsten und Nicole kommt aus der Kirche. Küsschen, Konfetti. Alle sind gekommen, die Girlfriends, Daniela, Begemann, Ben, sogar Saalbach. Ronaldo flüstert Marie zu: «Ich möchte aller Welt zeigen, dass hier noch zwei Menschen miteinander glücklich sind!» Er küsst Marie – in aller Öffentlichkeit, vor den Kolleginnen.

Folge 14: Fuchsteufelswild

Verschlafen – Marie ruft panisch bei Ilka im Büro an, in einer Viertelstunde sei sie da. Ronaldo, neben ihr im Bett, nimmt es gelassener: Kann doch vorkommen. Kein Wunder, schließlich ist er der Direktor, Ilka seine Stellvertreterin. Und leider eben auch: Maries Chefin.

Ilka und die Stade sind sich einig: Die Schreibdamen sind mit allem möglichen beschäftigt, nur nicht mit der Arbeit. Begemann krank, die Holm auf Wohnungssuche und Nicole wieder nicht da – Ilka ist geladen. Seit ihrer Hochzeit – zwei Tage Sonderurlaub – hat Nicole Bast, jetzt Buck, Arzt-Termine, Bank-Termine, Friseur-Termine … Darüber hat die unorganisierte Nicole ganz vergessen, einen Urlaubsantrag für die – von Thorsten längst fest gebuchte – Hochzeitsreise zu stellen. Als sie in letzter Minute damit kommt, rastet Ilka aus: Der Urlaub wird nicht genehmigt, da hilft selbst die Fürsprache Ronaldos nichts.

Ein Stockwerk tiefer, im Schreibbüro, ist ebenfalls Stress angesagt. Elfie streikt – sofort muss eine Aushilfe her. Doch die Direktion hat schon eine Stellenanzeige aufgegeben, und im Flur wimmelt es von Bewerbern, sodass kaum ein Durchkommen ist. Elfie versucht, sich einen Weg durch die Menschentraube zu bahnen, und gerät mit der wartenden Renee aneinander,

die nicht Platz machen will: «Das geht hier nicht nach Gewicht.» Elfie ist kurz davor zu explodieren, doch dann setzt sie ihr fiesestes Lächeln auf und schiebt mit einem stolzen «Doch» Renee beiseite. So schließt man Feindschaften fürs Leben.

Ausgerechnet diese unsympathische Person wird die neue Kollegin. Renee, selbstbewusst und arrogant, bekommt die Stelle. Allerdings, das muss man ihr lassen, schafft die was weg. Nicole wird – neben all dem Ärger, den sie im Büro und zu Hause hat – von einem obszönen Anrufer hartnäckig belästigt.

Vor dem Eingang zum Hansson Hotel schleicht der geschasste Saalbach herum. Ronaldo wimmelt ihn ab, lässt sich auf kein Gespräch ein. Daniela, die er abholen will, ist bereits weg. So bringt er Nicole nach Hause, doch zuvor kehren sie noch einmal ein und ertränken ihre Sorgen. Der arbeitslose Saalbach ist sozial abgerutscht und gänzlich mutlos, Nicole leidet unter dem Mobbing und fürchtet, dass der sture Thorsten ohne sie in den Urlaub fahren könnte. Tatsächlich ist er nicht mehr da, als sie später am Abend die Wohnungstür aufschließt.

Am nächsten Tag erscheint Nicole nicht zur Arbeit. Sie hat weder angerufen noch ist sie erreichbar – Ilka ist erbost und kündigt ihr fristlos per Einschreiben. Mitten in der Nacht hat Marie eine böse Ahnung

Ein Mann im Schreibpool: Nicht nur Renee hat ein Auge auf Stefan geworfen

und drängt Ronaldo, mit ihr zu Nicole zu fahren. Sie findet Nicole tot in ihrer Wohnung – ermordet.

Folge 15: Unter Verdacht

Friedhof Ohlsdorf. Ihr Mann Thorsten, Marie, Ilka, Freunde und Verwandte nehmen Abschied von Nicole. (Nur Ronaldo ist der Beerdigung ferngeblieben; es ist noch kein Jahr her, dass er seine Frau Ursula zu Grabe getragen hat.) Nach dem Pfarrer tritt Nicoles Bruder Ben an das Grab und singt «You are always on my mind». Ihm versagt die Stimme, doch Elfie übernimmt – alle sind gerührt. Und überrascht, ahnte doch niemand, dass die Kollegin aus dem Schreibpool so wunderbar singen kann.

Stefan Ahlbaum, ein unerschütterlicher Sunnyboy, bewirbt sich bei Ronaldo – wegen der Beerdigung ist er allein im Büro – auf die vor langem ausgeschriebene Stelle einer Datentypistin. Ronaldo winkt ab, darauf Stefan: «Sie haben was gegen Männer in Frauenberufen.» Als er sich als «der größte Tim-und-Struppi-Sammler außerhalb von Belgien» outet, hat Stefan gewonnen – fast, denn leider ist der Job längst vergeben.

Kommissar Schlottau hat keine Lust, den Fall Nicole Buck zu bearbeiten. Er schickt den jungen Herrn Berg, «Durchläufer» von der Fachhochschule für öffentliche Verwaltung, zum Verhör. Währenddessen gesteht Frau Stade Daniela, dass sie Saalbach und Nicole am Abend der Tat in einem Lokal gesehen hat. Auch Schmolli hat beobachtet, wie Nicole zu Saalbach ins Auto gestiegen ist. Länger verheimlichen lässt sich das nicht. Sowohl die Indizien wie seine psychische Labilität machen Saalbach zum Hauptverdächtigen, dem Schlottau beim Verhör im Kommissariat hart zusetzt.

Marie hat die traurige Aufgabe, Nicoles Schreibtisch aufzuräumen. Dabei fällt ihr eine Trillerpfeife in die Hände – es dauert, bis der Groschen fällt, doch dann erinnert sie sich, wozu Nicole die Pfeife benutzt hat: der obszöne Anrufer! Der Mann ist kein Unbekannter, hat er doch früher Ilka nachgestellt. Der neue Verdächtige ist der Täter: Der Mann gesteht sofort, hat aber offenbar kein Schuldbewusstsein.

Frei nach ihrem Motto «Es gibt nix, was mich nichts angeht» hetzt Renee bei jeder sich bietenden Gelegenheit. Nicoles Stelle wird neu besetzt: Ronaldo präsentiert den Damen im Schreibpool Stefan. Dieser Neuzugang stößt auf uneingeschränkt positive Resonanz: Die Girlfriends haben nichts gegen Männer in Frauenberufen.

Folge 16: Starallüren

Aufregung im Hotel: Der Hollywood-Star Michael Crossing kommt auf Promotiontour nach Europa. Die Managerin inspiziert vorweg die Suite und gibt Anweisungen: Telefon raus, Fernseher raus, Bett raus, alle Türen raus, bis auf die zum Badezimmer. Keine Blumen, keine Pflanzen, kein Obst, keinen Alkohol. Überall Kübel mit Eis, drei Kisten Mineralwasser pro Tag. Extra-Gardinen – es darf kein Lichtstrahl von draußen hereinkommen.

Elisabeth Harsefeld ruft in Hamburg an, um Neuigkeiten aus Hitzacker loszuwerden. Hannelore Hollwinkel, ihre beste Freundin, hat erzählt, dass die kleine Miriam schon wieder operiert wurde. Doch das Telefonat ist unbefriedigend: Marie hat im Moment gar keine Zeit, Michael Crossing ist im Hotel! «Wer ist dat denn …», meint Mutter Harsefeld, während ihr Mann nur brummt: «Frag sie mal, ob sie Willi Hagara kennt.»

Die Rivalitäten zwischen Ilka und Marie spitzen sich zu. Das Country-Hotel war Maries Idee, sie hat auch das passende Haus in Hitzacker besorgt, doch nun, wo das Projekt verwirklicht wird, wird sie ausgeschlossen. Weil sie ja nur eine Sekretärin ist. Und Ronaldo gibt Ilka in diesem Punkt auch noch recht!

Marie besucht die kleine Miriam im Krankenhaus. Das Mädchen ist verknallt in Michael Crossing, weiß natürlich längst, dass er im Hansson absteigt, und fleht Marie an, ihr ein Autogramm zu besorgen … Auch Mutter Harsefeld bedrängt sie, dem Mädchen doch eine Freude zu machen.

Einzug des Stars ins Hotel. Ronaldo schärft dem Personal noch schnell ein: «Der Mann ist Super-VIP, ein Unberührbarer.» Michael Crossing hat eine ausgesprochene Menschen-Phobie, deshalb kommt er nicht durch den Eingang, sondern fährt in die Tiefgarage, wird durch den Küchentrakt geleitet, von dort nimmt er den Lastenaufzug … Vor dem Hotel warten die Kids mit Notizblöcken, Stofftieren und Agfa-Clicks. Schmolli ist ganz in seinem Element: Er erzählt ihnen Storys und lässt sich fotografieren.

Hotelflur. Vor der Suite sind Männer mit Knopf im Ohr und Walkie-Talkie postiert. Doch Marie, die rechte Hand des Direktors, lassen sie passieren. Und schon ist sie im Zimmer, wo Michael Crossing im Kerzenschein meditiert. Als er Marie sieht, reagiert er panisch wie ein gejagtes Reh. Marie geht auf ihn zu, Michael rastet aus. «What are you shitty German Nazi-Braut doing in my room?» Er beginnt zu randalieren, ist nicht mehr zu beruhigen – am Ende flüchtet er aus dem Hotel. Die Presse hat ihre Story: «Sexsüchtige Sekretärin wollte Autogramm und mehr …»

Das ist wirklich der größte anzunehmende Unfall, der in einem Hotel passieren kann, und Marie hat ihn zu verantworten. Sie fühlt sich entsprechend mies. Doch dann kommt mit der Post eine Autogrammkarte, signiert: «Sorry for that trouble. Life must go on. Love. Michael». Mit der Trophäe besucht Marie Miriam im Krankenhaus. Richtig übersetzt, kann die Kleine den

Ein Star mit Sonderwünschen: Michael Crossing

Text auf sich beziehen – sie glüht geradezu vor Freude.

Folge 17: Wutentbrannt

Der Michael-Crossing-Skandal und seine Folgen: Am liebsten würde Ilka Marie feuern, aber das traut sie sich denn doch nicht. Ätzende Vorwürfe und Zickigkeit vergiften das Klima, dazu kommt, dass Hein Meier, ein Behördenmensch aus Hitzacker, Probleme macht. Er verweigert eine erforderliche Zusatzgenehmigung, droht, das Bauvorhaben Country-Hotel zu stoppen. Ronaldo ist gestresst und macht Ilka dafür verantwortlich. Sie soll gefälligst den Provinzbürokraten in die Schranken weisen.

Marie hat eine dicke Erkältung und flüchtet für zwei Tage nach Hitzacker. Da wird sie mit offenen Armen aufgenommen: «Landluft ist doch gesünder als Stadtluft», findet Vater Harsefeld, und Mami kennt alle Hausrezepte: erst eine Schwitzpackung, dann Fliederbeersaft, heiß mit Honig, Hustensaft, hergestellt aus Rettich und braunem Kandis ... Die kranke Marie wird liebevoll umsorgt. (Mutter Harsefeld will auch etwas wieder gutmachen, schließlich hat sie Marie zu der unglückseligen Autogramm-Aktion angestiftet.)

In Hamburg, im Büro, läuft alles weiter. Die Broschek macht Stefan schöne Augen und stänkert gegen Elfie. Danielas Alko-

holsucht lässt sich kaum noch verheimlichen: Nicht nur Renzo von der Bar, auch Frau Stade weiß inzwischen Bescheid. In seinem Hockeyclub trifft Ronaldo unvermutet Stefan, der hier als Kellner jobbt, und erfährt, dass der junge Mann sich mit seinem Vater, dem bekannten Industriellen – «Ach, die Ahlbaum-Werke; das sind Sie!» –, überworfen hat.

Besuch in Hitzacker. Aber es ist nicht Ronaldo, der nach seiner kranken Marie schaut, sondern Ben. Alte Freundschaften, da wird einem warm ums Herz, zumal beide sich allein und verlassen fühlen. Hand in Hand gehen sie am See spazieren, begleitet von Biene als Anstandswauwau. Just in diesem Moment taucht Ronaldo auf, der sich mit Marie versöhnen wollte, nun aber die Situation verkennt und wutentbrannt wieder abzieht.

Wieder düst ein Wagen auf der Landstraße von Hamburg nach Hitzacker. Diesmal ist es Ilka mit einer schwierigen Mission: Sie soll von Hein Meier das Go besorgen. «Das hättet ihr fixen Hamburger euch mal vorher überlegen sollen», bekommt sie zu hören. «Ehe ihr hier unsere Landschaft verschandelt.» Ilka versucht's andersherum, öffnet ihre Aktentasche: Könnte man nicht irgendein Agreement schließen? Da ist sie bei Hein aber an den Falschen geraten: Bestechlich ist er nicht. «Und tschüs. Den Ausgang finden Sie dort, wo Sie reingekommen sind.»

Tochter Heike ist schockiert: Sie kann nicht akzeptieren, dass ihr Vater mit Marie zusammenlebt

Anderes wendet sich denn doch noch zum Guten. Ben sucht Ronaldo im Büro auf und klärt das Missverständnis auf. Am nächsten Morgen, ihr erster Tag wieder im Büro, bittet er sie, ihn für ein Stündchen zu begleiten. Sie fahren zu seiner Villa, wo er ihr einen Rosenstrauß überreicht und ihr eine Liebeserklärung macht: «Ich will, dass uns und unserer Liebe nichts und niemand mehr in die Quere kommt. Ich will, dass du zu mir ziehst …» Maries Blick fällt auf ein Foto von Ursula und Heike, sie ist den Tränen nahe: «Aber das geht nicht, Ronaldo!»

Folge 18: Schockiert

Marie zieht bei Ronaldo ein. Übernachtet hat sie schon oft dort, doch nun ist es auch ihr Zuhause, wo sie ihre eigenen Sachen ausbreiten und es sich gemütlich machen kann. My home is my castle, doch die modernen Villen haben keine hochklappbare Zugbrücke. Eines Abends steht Saalbach vor der Tür, sichtlich derangiert und nicht mehr nüchtern – Daniela hat ihn rausgeworfen. Er beklagt sich bei Ronaldo über sein Schicksal, als habe er es nicht selbst zu verantworten, wird ausfällig und gemein gegen Marie, ist dann doch wieder nur ein Häuflein Elend.

Besuch macht nicht immer Freude. Der Big Boss ist aus Stockholm angereist und führt seine gar nicht charmante Seite vor:

GIRL*friends* 46

ein knallharter Geschäftsmann, der Druck macht. Ausgerechnet in diesem Moment taucht überraschend Heike aus dem fernen Neuseeland auf. Der schlechteste Zeitpunkt, Ronaldos Tochter schonend vorzubereiten – sie bekommt den Schlüssel zur Villa, am Abend wird man weitersehen.

«Ich dachte, als ich neben dem Foto meiner Mutter eine Sammlung entsetzlicher Elefanten sah, ich muss mich irren.» Heike ist schockiert: dass ihr Vater jetzt mit seiner Sekretärin zusammenwohnt! Statt Wiedersehensfreude gibt es eine hässliche Auseinandersetzung, die in Heikes bösen Worten gipfelt: «Hattet ihr schon ein Verhältnis – als meine Mutter noch lebte?»

Marie zieht sich lieber zurück an diesem Abend. Im Büro arbeitet sie still und heimlich einen Alternativplan für das Country-Hotel aus, wodurch die Umweltbelastung deutlich gesenkt wird, und bespricht dies mit Hein Meier: Der ist mit Vater Harsefeld befreundet, da soll er nicht so stur sein. Währenddessen herrscht im Direktionsbüro dicke Luft: Der Baustopp in Hitzacker und die Umsatzrückgänge in Hamburg, Hansson ist not amused und droht damit, Ronaldo und Ilka abzusetzen.

Nicht weniger heftig geht es zu Hause in der Villa zu. Heike ist rigoros in ihrer Ablehnung: «Weil Sie nicht hierher gehören, Frau Malek», so schlicht und einfach ist das. Ihre schroffe und intolerante Haltung

kann auch Ronaldo nicht aufbrechen – Heike bleibt bei ihrem Ultimatum: Sie oder ich. Ronaldo will sich aber nicht von seiner Tochter vorschreiben lassen, mit wem er glücklich werden darf: «Eltern haben auch ein Recht auf freie Entfaltung der Persönlichkeit.»

Hansson ist wieder weg. Der Baustopp in Hitzacker ist aufgehoben. (Ronaldo, der nichts von Maries Wirken im Hintergrund ahnt, lobt Ilkas diplomatisches Geschick. Marie sagt nichts.) Von Heikes Drohungen will sich Ronaldo nicht beeindrucken lassen, er steht zu seiner Liebe: «So ist es. Und so ist es gut.» Da weiß er noch nicht, dass seine Tochter – ohne Abschied, ohne Gruß – das Haus verlassen hat.

Folge 19: Dunkle Vergangenheit

Es gibt diese Gäste, die missgelaunt anreisen und schon Stunk machen, bevor die Koffer auf dem Zimmer sind. Die als Erstes klarmachen, dass sie eigentlich lieber im Atlantic abgestiegen wären. Trotzdem gibt man ihnen – immer lächeln, auch wenn man eigentlich würgen möchte – eine Suite mit Hafenblick. Prompt kommt der geknurrte Kommentar: Wer will denn Hafenblick? Das ältere Ehepaar kommt aus Amerika, und sie ist ein Ausbund an Zickigkeit. Die Rezeptionistin stutzt, als sie auf dem Anmeldeformular den Namen liest: Alexander Frowein.

47   Serienguide

So kennen sie ihre Kollegin nicht: Elfie tritt nachts im Club auf

Der Zufall spielt Schicksal: Vor 30 Jahren hat Alexander Frowein die Familie sitzen gelassen und ist nach Amerika ausgewandert, hat sich nie wieder bei seiner Frau und Tochter gemeldet. Nun ist er ein alter Mann, den der Zufall in das Hotel geführt hat, wo seine Tochter Ilka stellvertretende Direktorin ist. Doch sie will nichts von ihm wissen, weist ihn barsch ab: Für sie ist Alexander Frowein vor 30 Jahren gestorben.

Im Büro herrscht der ganz alltägliche Wahnsinn. Am Abend im Checkers erholt man sich vom Stress und wird wieder Mensch. Diesmal, auch die Männer sind dabei, soll es nicht beim Stammlokal bleiben; Renee schlägt einen Zug durch die Gemeinde vor – «St. Pauli, wir kommen!» Man landet in einem Nachtclub auf der Reeperbahn. Die Sängerin in diesem Rotlicht-Puff ist keine Unbekannte. «Ich fasse es nicht», Renee findet als erste die Sprache wieder, «unsere Schreibpool-Leiterin führt ein Doppelleben!» Und Elfie, mit Federboa, singt wunderbar.

Alexander Frowein möchte Ordnung in sein Leben bringen, sich mit Ilka versöhnen. Er ist krank, der Notarzt muss gerufen werden. Ein paar Tage später sucht Frowein einen Arzt auf, dem er vertraut: Dr. Rilke. Das Ergebnis der Untersuchung lässt keine Hoffnung – Krebs. Ein halbes Jahr hat Frowein noch, vielleicht. Dr. Rilke rät ihm: Vergiss deine Geschäfte, sprich dich mit deiner Tochter aus, mache nur noch Dinge, die dir wichtig sind …

Die Zeit, die ihm noch bleibt, will Frowein in Europa bleiben. Seine Frau, das sagt sie unverblümt, hat keine Lust, den Todkranken bis zu seinem Ende zu begleiten – so weit geht die Liebe nicht, man führte sowieso eine Vernunftehe. Sie reist ab. Doch Alexander Frowein bleibt nicht allein zurück: Ilka hat, Frank und Dr. Rilke haben ihr zugeredet, Mitleid mit ihrem Vater, überwindet ihre abweisende Haltung und wird mit ihm die letzten Monate gemeinsam auf einer Europareise verbringen.

Folge 20: Attacke

Ronaldo ist ein Chef mit viel Verständnis. Er gibt Ilka unbezahlten Urlaub auf unbestimmte Zeit, damit sie ihren Vater auf seiner Reise begleiten kann. Ronaldo hat seinerseits aber einen Chef, der in unregelmäßigen Abständen in Hamburg erscheint und kaum Verständnis dafür aufbringt, wenn die Zahlen nicht stimmen. Hansson hat sich wieder einmal angesagt, und diesmal bringt er einen jungen Assistenten mit, den dynamischen Herrn von Winkler.

Überraschung! Der Hotelpage bringt Marie einen Umschlag, darin liegt ein Autoschlüssel. Auf der Straße vor dem Hotel steht ein funkelnagelneuer Wagen, auf dem Dach eine rote Schleife: ein Geschenk von ihren Eltern.

Hansson möchte das Country-Hotel besichtigen, bislang nur eine Baustelle. Marie soll mitkommen, und es ist gut, dass sie bei der Visite dabei ist: Sie kann die kritischen Fragen von Winklers souverän parieren, weiß über die Kompromisse mit der Stadt Bescheid, wirbt überzeugend für das Konzept. Hier ist sie zu Hause. Als Hansson noch irgendwo einkehren will, Ronaldo einen Besuch bei ihren Eltern vorschlägt, gerät sie allerdings in Panik. Doch der Abend wird sehr nett: Hansson und Vater Harsefeld unterhalten sich prächtig.

Die Stade, jetzt im Büro des Personalchefs, wird von Begemann bedrängt. Er zwingt sie geradezu, mit ihm tanzen zu gehen, und schleppt sie in das schmierige Tanzcafé Angelique, wo sie ganz allein sind – der reinste Horror. Am nächsten Morgen stürmt sie in das Zimmer des Direktors: Sie kann nicht einen Tag länger bei Begemann arbeiten. Ronaldo, der verständnisvolle Chef, kapiert sofort, worum es geht. Es wird sich eine Lösung finden.

Erst einmal findet Hansson eine Lösung, die keine reine Freude auslöst. Vor seiner Abreise macht er noch einmal deutlich: Das Country-Hotel-Konzept hat seinen Segen, die Zahlen fürs Hamburger Hotel aber müssen sich in absehbarer Zeit bessern. Und solange Ilka Frowein nicht da ist, wird Herr von Winkler als stellvertretender Direktor fungieren. Der junge Mann ist flexibel, er kann gleich in Hamburg bleiben.

Marie ist auf Besuch in Hitzacker. Vater Harsefeld ist auf dem Fahrrad unterwegs zu Freund Hein, dem er das Wurstpaket bringen will. Plötzlich wird ihm schlecht: Kreidebleich steigt er vom Rad, stöhnt, geht langsam zu Boden. Marie sitzt in der Küche bei ihrer Mutter, hat plötzlich eine böse Vorahnung und stürzt hinaus. Sie findet Erich Harsefeld zusammengesunken im Straßengraben. «Lieber Gott, mach, dass er nicht stirbt … Papa, du hast versprochen, du lässt mich nie im Stich …»

Folge 21: Belastungsprobe

Vera und Elfie kommen zur Arbeit, Stefan fährt hupend an ihnen vorbei. «Hundert zu eins, dass der mit der Broschek ins Bett geht», ist sich Elfie absolut sicher.

Im Schreibpool herrscht dicke Luft. Elfie verzweifelt über Computerprobleme – sie ahnt nicht, dass ihre Todfeindin Renee Broschek den PC manipuliert hat. Dazu kommt, dass die Stade wieder ins Direktionsbüro wechselt, eine Stelle, auf die sich Elfie selbst Hoffnungen gemacht hatte.

Auch im Direktionsbüro gibt es Stunk. Ronaldo passt es gar nicht, dass Marie – gerade jetzt, wo Ilka fehlt – zu ihren Eltern nach Hitzacker zieht. Vater Harsefeld hatte einen zweiten Herzinfarkt, er liegt auf der Intensivstation. Sie muss ihrer Mutter beistehen.

Mittagspause. Jeder gestaltet sie auf seine Art: Vera isst ihren mitgebrachten Salat aus dem Tupper-Töpfchen, Elfie verschwindet ins Alsterhaus. Stefan und Renee nutzen die Zeit anders: Er lässt sich von der ahnungslosen Rezeptionistin den Schlüssel für ein freies Zimmer geben und hat auf dem Hotelzimmer mit Renee leidenschaftlichen Sex.

Marie und die Mutter besuchen Vater Harsefeld im Krankenhaus. Ihm geht es besser, aber es wird noch Wochen dauern, bis er nach Hause darf. Dann hat man bei ihm auch noch Diabetes festgestellt – der Schlachter ist erschüttert: «Ich weiß gar nicht, ob ich meinen Beruf noch ausüben kann.» Der wahre Schlag kommt erst noch: Er muss erfahren, dass der Laden geschlossen hat.

«Nee. Also sowas. Morgen ist offen! Wegen zwei Herzinfarkten bleibt doch eine Schlachterei Harsefeld nicht geschlossen. Wir hatten auch zwei Weltkriege über geöffnet!»

Und so geschieht es, sonst wäre die Rekonvaleszenz von Vater Harsefeld ernsthaft gefährdet worden. Zwischen Marie und Ronaldo gibt es einen handfesten Krach am Telefon, denn im Hotel wird sie gebraucht. Mutter Harsefeld überzeugt jedoch Marie, dass sie besser wieder nach Hamburg zurückkehrt. Umso größer ist die Überraschung, als sie Frau Stade auf

Im Checkers: Ein Cuba libre, ein Mineralwasser und viele Probleme

ihrem Platz vorfindet, und zwar nicht nur als vorübergehende Aushilfe. Ronaldo holt sie in sein Büro und redet Tacheles: Er ist ihr Vorgesetzter und Freund, vielleicht sollte sie kündigen, dann würde es auch privat besser mit ihnen klappen. Frau Stade lauscht an der Tür. Sie ist hochzufrieden: «Na, dann ist ja bald wieder alles beim alten!»

Folge 22: Kind und Karriere

Nichts ist wieder beim alten: Marie und Ronaldo schlafen in getrennten Zimmern, fahren auch nicht gemeinsam zur Arbeit. Dort ist die Atmosphäre vergiftet: Im Schreibpool herrscht dicke Luft, und der jungdynamische von Winkler mit seinen unausgegorenen neuen Ideen – in einem Go-Papier entwickelt er Strategien für die Zukunft – nervt zusätzlich.

Henry Horn aus Hitzacker – eigentlich hatte er bei der Schlachterei anfangen wollen, aber Vater Harsefeld ist noch nicht wieder auf dem Posten – bewirbt sich als Lehrling beim Hansson Hotel: Er will Koch werden und wird dank der Vermittlung Maries genommen.

Elfie und Marie verabreden sich für den Abend im Checkers: dringender Gesprächsbedarf. Doch erst ruft die Arbeit. Henry wird von Rumpelmayer in der Küche das Leben schwer gemacht, er piesackt und schikaniert den Jungen. Und dann taucht, wie ein Gespenst, Saalbach

Henry Horn hat einen schweren Stand: Rumpelmayer triezt ihn

im Hotel auf, obwohl er doch eigentlich Hausverbot hat. Er hat eine Bitte an seinen ehemaligen Chef: Falls das Esplanade, wo er sich beworben hat, Erkundigungen bei Ronaldo einziehen sollte, möge er ihm bitte keine Steine in den Weg legen.

Im Checkers. Elfie bestellt sich Cuba libre, Marie ein Mineralwasser, und das, obwohl sie doch, wie Elfie bemerkt, «die Erfinderin des männlichen Saufens bei Frauen» ist. Die Freundin kommt bald darauf, warum Marie so rumdruckst: Sie ist schwanger. Und mag, wegen des Ehekrachs, nichts davon Ronaldo sagen …

Rumpelmayer treibt mit Henry seine Späße, über die alle lachen können, nur nicht das Opfer. Henry muss jeden einzelnen Sauerkrautfaden zum Trocknen auf die Wäscheleine aufhängen, Spinatblätter einzeln blanchieren, soll Hummer kochen, ohne dass sie rot werden – dem Küchenchef fallen immer neue Gemeinheiten ein, wie er den Jungen quälen kann. Als er ihn beim Fleischschneiden wieder einmal zur Sau macht, wehrt sich der heulende Henry und ergreift die Flucht. Der cholerische Rumpelmayer wirft ihm ein Messer hinterher, dabei passiert es: Henry stürzt über eine Eisenkiste und bleibt mit einem Aufschrei liegen.

Rumpelmayer ist zu weit gegangen. Ronaldo redet ihm scharf ins Gewissen: «Auch Sie haben eine Sorgfaltspflicht gegenüber

Ihren Untergebenen!» Und Henry Horn, der sei doch noch ein Kind, da habe man eine besondere Verantwortung. Marie, die Ronaldos eindringliches Plädoyer für ein friedliches und freundliches Miteinander zumindest in der kleinen Welt des Hotels mitbekommt, ist gerührt. Sie weiß jetzt, dass Ronaldo ein guter Vater ihres Kindes sein wird, und überwindet die Angst, sich ihm anzuvertrauen. Noch am selben Abend gesteht sie ihm, dass sie schwanger ist. Ronaldo ist glücklich.

Auch bei Rumpelmayer bleibt Ronaldos Ansprache nicht ohne Wirkung: Der bärbeißige Chefkoch besucht Henry im Krankenhaus. Er hat ihm ein Spinatquiche mitgebracht, das dem Jungen vorzüglich schmeckt. Kein Wunder: Jedes Spinatblatt ist einzeln blanchiert.

Folge 23: Frauensache

Ronaldo muss für ein paar Tage nach Schweden – freie Bahn für seinen Stellvertreter von Winkler, sich zu verwirklichen. Hals über Kopf plant er eine publicityträchtige Aktion: eine Nacht im Hansson Hotel für 99 Mark! So viel kostet eine billige Pension, das ist nicht gut. Deshalb setzt er noch eins drauf: gar kein Preis. «Sie zahlen nur so viel, wie Sie wollen. Sie lernen uns kennen. Und Sie zeigen uns mit dem, was Sie zahlen, was Sie von uns halten.»

Das Leben im Hotel geht weiter, noch ahnt keiner, was sich der Interimschef ausgedacht hat. Stefan kommt der notorischen Lügnerin Renee auf die Schliche; sie wiederum erfährt sein Geheimnis: die drogenabhängige Schwester, die er beschützt und finanziert. Marie und Frau Stade geraten heftig aneinander und sagen sich einmal ungeschminkt die Meinung, danach herrscht absolute Funkstille.

Die originelle Werbekampagne läuft, von Winkler tönt: So gewinnt man neue Kundschaft! Das Hotel füllt sich, doch kommen andere Gäste, als man im Sinn hatte. Ein Penner-Paar, Ascan und Roswitha, checkt ein: Endlich mal wieder richtig duschen, in der Wanne liegen, neben sich ein Piccolo aus der Minibar. Sie genießen das Luxusleben.

Eisiges Schweigen im Direktionsbüro. Plötzlich setzen bei Marie starke Unterleibsschmerzen ein. Die Stade reagiert sofort und bringt Marie in die Klinik: Sie verliert ihr Kind. In dieser Situation steht ihr die Stade bei: Die Feindschaft zwischen den beiden Frauen ist wie weggeblasen. Die Stade bringt Marie nach Hause und bleibt bei ihr auch über Nacht – sie weiß, wie man sich nach einer Fehlgeburt fühlt:

«Alle scheinen immer zu denken, ich sei eine Büromaschine. Aber ich bin einfach auch nur eine Frau!»

Von Winkler ist ein Mann und ahnt von alledem nichts. Er glaubt immer noch, dass seine Aktion ein Erfolg war, und meint, den Frauen Vorhaltungen machen zu müssen, weil sie gestern nicht ihre Arbeit beendet haben. Der Stade platzt der Kragen, sie weist den «Turbo-Jungdirektor» derart in seine Schranken, dass er kleinlaut abzieht. Marie bewundernd zu ihr: Dem haben Sie es aber gegeben.

Schlafzimmer in der Suite. Das Telefon klingelt: Ascan und Roswitha müssen hoch, auschecken. Roswitha packt noch schnell ein, was es im Badezimmer an kleinen Seifenstücken und Shampoos gibt, plündert die letzten Reste der Minibar – mehr ist wohl nicht zu holen, die Bademäntel mitzunehmen, davor schreckt sie denn doch zurück. An der Rezeption wühlt Ascan zwei 50-Pfennig-Stücke aus der Tasche.

Als Marie nach Hause kommt, ist Ronaldo, einen Tag früher als erwartet, schon da: Er konnte früher zurückfahren und hat ein Geschenk mitgebracht, einen Baby-Norwegerpulli. Marie sagt ihm, dass sie das Kind verloren hat – Ronaldo nimmt sie in den Arm, tröstet sie.

Ascan und Roswitha haben ihr Lager auf der Brücke vor dem Hansson Hotel aufgeschlagen. Roswitha erfreut sich an dem Fläschchen Duschgel. Ein Passant geht vorbei und wirft ihnen eine Mark zu. Ascan: «Jetzt haben wir's wieder rein.»

La dolce vita für einen Tag: Ascan und Roswitha nutzen das Sonderangebot des Hotels

GIRLfriends

Folge 24: Freundschaftsbeweis

Ilka ist von der Europareise mit ihrem todkranken Vater zurück; Herr von Winkler, ihre Vertretung, kann zur Erleichterung aller seine Sachen packen. Etwas hat sich verändert, das spürt Ilka sofort: Marie und die Stade, früher spinnefeind, verstehen sich inzwischen prächtig. Dagegen bleibt das Verhältnis zwischen Ilka und Marie weiterhin kühl: Dass ihre Freundin damals abgereist ist, ohne mit ihr ein Wort zu sprechen, kann Marie nicht verwinden.

Renee hat nur auf Ilkas Rückkehr gewartet und kündigt ihr Vorhaben auch gleich Elfie an: Sie wird zu Ilka gehen, um die Chefin des Schreibpools abzusägen. Zwischen beiden Frauen herrscht offener Hass. Doch bei Ilka beißt Renee auf Granit: Denunzianten verabscheut sie.

Mittagspause. Strahlende Sonne, blauer Himmel. Im Hamburger Hafen genießen Marie und Frau Stade die freie Stunde fernab des Hoteltrubels. Sie sprechen sich aus. Die Stade, als allein stehende Frau durchs Leben gegangen, ist scheu und misstrauisch geworden – nun öffnet sie sich erstmals gegenüber einem Menschen. Marie erfährt ihr Geheimnis, die große unerfüllte Liebe ihres Lebens: Als Au-pair-Mädchen in Stockholm lernte sie einen verheirateten Mann kennen und lieben. Es war Hansson, heute der Herrscher über einen weltweit agierenden Hotelkonzern.

Ein Schicksalsschlag liegt hinter ihr: Ilkas Vater ist gestorben

55   Serienguide

Eines Abends im Checkers erscheint, vermittelt durch Ben, Werner W. Lang, Musikmanager. Er ist von Elfies Auftritt angetan: Das sei exaktemang das, was er suche – er lädt die Nachwuchskünstlerin zu Probeaufnahmen ins Studio ein. Vera und Albert besuchen das Grab seiner Eltern auf dem Friedhof Ohlsdorf, es ist vielleicht nicht der rechte Ort dafür, aber Vera ergreift die Initiative und macht Albert einen Heiratsantrag. Die Toten sind Zeuge: Sie versprechen sich.

Ilka wird von Dr. Rilke ins Krankenhaus gerufen: Ihrem Vater geht es schlecht, sehr schlecht. Illusionen über seinen Zustand macht Alexander Frowein sich nicht, doch hinter seinem Sarkasmus wird doch deutlich, wie sehr Vater und Tochter während der Reise zueinander gefunden haben. Auf dem Sterbebett vermacht er ihr sein Haus auf Long Island.

In der Nacht, während Ilka neben ihm wacht, schläft Alexander Frowein friedlich ein. Ilka begleitet den Sarg zur Beerdigung in die Vereinigten Staaten und zieht in ihr neues Haus.

Marie ärgert sich darüber, dass Ilka wieder ohne ein Wort abgereist ist, und überlegt, ob sie ihr nachreisen soll. «Ich finde, sie hat eine so treue Freundin wie mich nicht verdient», klagt sie. «Sie hat mich so abblitzen lassen. Sie war wieder so kalt! Fast feindselig.» Die lebenserfahrene Stade meint nur:

«Die beste Freundin einer Frau ist auch ihre schlimmste Feindin!» Allerdings, wenn man sich ihrer beider Geschichte ansehe, könne man den Satz auch umdrehen: «Die schlimmste Feindin einer Frau ist auch ihre beste Freundin!» Und dann rät sie Marie, zu Ilka zu fahren.

Folge 25: Der Mann aus Montauk

East Hampton. Marie zu Besuch bei Ilka, die das Haus auf Long Island geerbt hat. Doch die beiden Freundinnen können das Leben auf der Bilderbuchinsel nicht unbeschwert genießen: Ilkas Stimmung ist am Rande der Depression – eben hatte sie ihren Vater wiedergefunden, nun ist er tot … Schon gar nicht ist sie zum Flirten aufgelegt. Sie lässt Zoltan Landauer, einen Gast aus dem Hansson Hotel, den sie zufällig in einem Restaurant wiedertreffen, abblitzen.

Hamburg, im Hansson. Die Stimmung im Schreibpool ist vergiftet: Renee Broschek stänkert, wobei sie speziell Elfie auf dem Kieker hat und nebenbei Ilkas daheimgebliebenen Freund Frank vernascht. In der Hotelbar trifft Elfie ihren Produzenten Werner W. Lang, der ihr einen Plattenvertrag gibt – sie unterschreibt, das muss gefeiert werden. In ihrer Euphorie beschließt sie, sich nicht länger von Renee schikanieren zu lassen und im Hansson zu kündigen.

Auch Ronaldo fliegt in die USA. Er muss zu Verhandlungen mit den Herren aus der New Yorker Zentrale, nutzt aber die Gelegenheit, sich mit Marie zu treffen und ihr Big Apple zu zeigen.

Zwischen Ilka und Zoltan hat es doch noch gefunkt. Sie sitzen am Fuße des Leuchtturms von Montauk, und er bietet ihr das Du an.

ZOLTAN: *Du. Du und ich. Per du. Darum du mich küssen. Oder ich dich.*

ILKA: *Oder wir beide.*

Sie küssen sich auf die Wangen.

ILKA: *Ich dich richtig küssen …*

Sie nimmt sein Gesicht in die Hände, zieht ihn zu sich heran – so, wie die Männer das immer im Fernsehen machen, und küsst ihn. Zart auf den Mund.

Augen zu. Beide Augen auf.

Nochmal mit offenen Augen.

Dann Augen zu und richtig – der längste, schönste Kuss in der ZDF-Geschichte .,

Das Kleingedruckte in ihrem Plattenvertrag hatte Elfie nicht gelesen. Nun meldet sich ihr Produzent und fordert 30 000 Mark. Zahlungsziel: sofort, sie hat's doch selbst unterschrieben. Elfie ist verzweifelt. Ob ein Anwalt ihr helfen kann? Bei Schmolli, dem netten und friedfertigen Portier, kommen ungeahnte Seiten zum Vorschein. Zusammen mit ein paar kräf-

tigen Kollegen aus dem Hansson sucht er den windigen Produzenten auf und kassiert den Vertrag.

Ronaldo hat seine Geschäfte in New York erledigt, zusammen mit Marie fährt er raus nach Long Island zu Ilka. Doch sie ist nicht zu Hause. Zoltan, Journalist, genauer: Kriegsberichterstatter, musste Hals über Kopf abreisen nach Bagdad. Man wird sich wiedersehen, doch auch die abrupten Abschiede werden sich wiederholen und die mit jedem Einsatz verbundene Angst. Ilka sitzt allein am Strand von Long Island.

Folge 26: Fünf Sterne für Marie

Ronaldo und Marie fahren morgens zum Hotel. Also, was er alles in den letzten Tagen über seine Mitarbeiter gehört habe, Ronaldo kann sich nur wundern. Marie: «Ja, was denkst du denn? Das sind Menschen mit Eigenleben, Sorgen, fiesem Potenzial, Stärken …» Ronaldo ist entschlossen, den Zirkus nicht länger mitzumachen: «Dies ist die Woche des Aufräumens, das sage ich dir.»

Doch erst einmal zieht Renee einen Strich: Sie macht mit Stefan Schluss. Dann muss sie zum Chef, der deutlich wird: Sie wird abgemahnt und kann froh sein, nicht fristlos gekündigt zu werden. Offene Worte fallen auch im Gespräch mit Daniela, die von Ronaldo dringend aufgefordert wird, eine Entziehungskur zu machen. Elfie dagegen macht er glücklich: Sie behält ihre Stellung im Schreibpool und darf, als neue Attraktion der Hotel-Bar, jeden Samstag dort auftreten.

Überraschend taucht Zoltan im Hotel auf und besucht Ilka. Sie liebt diesen Mann, und so versucht auch sie, ihr Leben zu ordnen und beendet die seltsame Beziehung («Wir machen alles zusammen. Und haben nichts gemeinsam») zu Frank. Doch der ist von dieser Eröffnung kaum beeindruckt: «Ich mache mir überhaupt keinen Kopp deswegen, Engel, wir haben doch eine Jo-Jo-Beziehung. Du kommst immer wieder zu mir zurück. Und ich immer wieder zu dir.»

Männer und ihre Bindungsängste. Vera hat ihren Albert zur Ehe geradezu überreden müssen, und jetzt, wo der Hochzeitstermin näherrückt, wird er immer seltsamer. Er will keine richtige Feier, am liebsten niemanden einladen – da hat er aber nicht mit den Kolleginnen von Vera gerechnet: Sie überraschen das Paar mit einer Polterabend-Party. Es geht hoch her, nur Albert wird immer stiller. Irgendwann ist er unbemerkt verschwunden. Er hat sich heimlich aus dem Staub gemacht und lässt eine bitter enttäuschte Vera zurück.

Auch Ilka ist wieder alleine: Zoltan musste sofort zu einem Einsatz nach Usbekistan. Als sie im Taxi sitzt, hört sie, dass im Kriegsgebiet ein deutscher Journalist getötet wurde, Identität unbekannt ...

Aus dem Hofstädter-Gutshof in Hitzacker ist das neue Hansson's Country-Hotel geworden. Ronaldo versammelt das Personal im Direktionsbüro und teilt seinen Mitarbeitern mit, dass er das Hansson Hamburg verlassen wird. Er übernimmt, natürlich mit Marie, das Country-Hotel; seine Nachfolgerin in Hamburg wird Ilka.

GIRLfriends 58

Die Weichen für die Zukunft sind gestellt, das gilt es zu feiern. Elfie hat ihren ersten Auftritt in der Hotel-Bar vor versammelter Belegschaft. Als Überraschungsgast taucht der totgeglaubte Zoltan auf. Ronaldo und Marie schauen sich tief in die Augen. Marie ist froh über ihre Entscheidung, Ronaldo warnt, leicht werde es aber nicht. Marie: «Es muss ja nicht leicht sein. Es muss nur mit dir sein!»

Folge 27/28: Feuer und Flamme

«Glück und Glas, wie schnell bricht das.» Die Kalenderweisheit, von Marie gern zitiert, könnte auch das Motto zum Pilotfilm der dritten Staffel sein.

Ronaldo und Marie ziehen nach Hitzacker, um das Country Hotel – Eröffnung in fünf Tagen – zu übernehmen. Ein bisschen wehmütig ist Marie zumute; sie tröstet sich:

Überraschung: Veras Kollegen haben eine Party zum Polterabend vorbereitet

Wenn's schief geht, zurückkommen können sie jederzeit. Ronaldo ist Realist: «Dies Kapitel ist abgeschlossen, Marie. Das müssen wir ehrlich sehen.» Er setzt ein Zeichen ihrer Liebe: Auf der Landstraße, zwischen Hamburg und Hitzacker, halten sie bei einem schönen alten Baum an. Er erzählt die Geschichte von seinem Lieblingslied «Tie a yellow ribbon», löst seine gelbe Krawatte und knotet sie um einen Ast.

Große und keineswegs erfreuliche Veränderungen gibt es auch in Hamburg. Ilka hatte fest damit gerechnet, dass sie Ronaldos Posten bekommt, von der Stellvertreterin zur Direktorin aufsteigt. Stattdessen hat Hansson ihr Winkler vor die Nase gesetzt. Der junge Schnösel muss sich erst einmal beweisen, und das macht er auf Kosten der Mitarbeiter: Personal entlassen, um die Rendite zu erhöhen. Der Schreibpool soll als Erstes dran glauben, aber auch die Hälfte der Zimmermädchen und den Portier Schmollke will er raussetzen. Ilka protestiert, doch der neue Chef winkt nur ab: «Sie und ihre Empfindlichkeiten. Herr Schäfer und der butterweiche Stil des Hauses – hier weht jetzt ein anderer Wind, Frau Frowein.»

In Hitzacker dagegen werden Leute eingestellt. Ronaldo hat eine neue Assistentin engagiert: Katja Harms, jung und frech, direkt von der Hotelfachschule. Um die Umzugskisten hat sie sich bereits gekümmert. Ronaldo und Marie weihen gerade

Ein Traum versinkt in Schutt und Asche: Das Country-Hotel brennt

das Schlafzimmer in ihrer neuen Wohnung ein, als die Harsefelds unangemeldet vorbeischauen – schnell springen sie wieder in ihre Kleider.

Abends im Checkers. Die Stimmung ist gedrückt. Vera hat Alberts Verschwinden nicht verwunden – und als sie raus auf die Straße gehen, fährt ein Taxi vorbei, mit Albert als Fahrgast! Sie lässt nicht locker, bis sie ihn aufgespürt hat: im Häuschen seiner Großeltern, am Ende der Welt, in Heide / Holstein. Albert gesteht, dass er geflüchtet ist aus Angst vor dem Leben als Ehemann, dass er sich eingesponnen fühlte «in ein Knäuel von unzerreißbarer Gefühlsduselei, du warst die liebende Spinne, und ich …» Es ist ein trauriges, aber auch ehrliches Gespräch.

Ilka beschließt, in die Offensive zu gehen: Sie will Hanssons Hamburg-Visite nutzen, um mit ihm über Winkler zu sprechen, und holt ihn deshalb am Flughafen ab. Er hat jedoch kein Ohr für ihre Sorgen, die erhoffte Unterstützung bleibt aus. Auch für die Eröffnung des Country-Hotels hat er nur einen Tag eingeplant, denn sein ganzes Interesse gilt im Moment einem neuen Projekt. Er hat der Townhouse-Gruppe ein modernes Luxushotel abgenommen: Die Investoren hatten sich übernommen, nun triumphiert der alte Hansson. Er hat zwar schon ein erstklassiges Hotel in Hamburg, aber: «Ehe jemand anders mir Konkurrenz macht, tue ich es lieber selber!»

Während Hansson wie ein Kind stolz sein neues Spielzeug vorführt, wird in seinem anderen Hotel die Entlassungswelle durchgezogen. Eine nach der anderen wird zum Personalchef Begemann ins Zimmer gebeten. Man will Prozesse vor dem Arbeitsgericht vermeiden, also läuft es auf Aufhebungsverträge und Abfindungen heraus. Von «Sozialverträglichkeit» ist keine Rede mehr, Begemann zieht die Aktion knallhart durch.

Ilka ist machtlos. Von dem Gespräch mit Hansson ist sie enttäuscht. Als sie davon Zoltan berichtet, nennt er sie naiv: «Nur weil der Mann Schwede ist und gemütlich aussieht …»

In Hitzacker läuft der Countdown: noch vier, noch drei, noch zwei Tage bis zur Eröffnung. Überraschend taucht Peter, Maries Ex, auf und wird unverschämt, doch Ronaldo schmeißt ihn raus. Ein Wasserrohrbruch sorgt für Aufregung. Noch ein Tag – morgen Eröffnung. Die Vorbereitungen laufen auf Hochtouren. Doch am Vorabend brennt es plötzlich: Das neue Hotel wird ein Opfer der Flammen.

Folge 29: Hanssons Geheimnis

Das Country-Hotel: nur noch ein Haufen Schutt und Asche. Ronaldo liegt mit einer Rauchvergiftung, Verbrennungen am Arm und am Kopf und einer leichten Prellung im Krankenhaus. Das wird alles wieder heilen, schlimmer sind die seelischen Folgen der Katastrophe: Ronaldo und Marie stehen vor den Trümmern ihrer Existenz. Abgesehen von ein paar Blumen und einem Anruf: nichts, rein gar nichts von Hansson.

Im Hansson Hotel kämpfen die Betroffenen um ihre Arbeitsplätze: Elfie weigert sich, den Auflösungsvertrag zu unterschreiben, Vera hat sofort resigniert, die Broschek zieht wieder alle Register, Schmolli – der früher einmal Direktor eines kleinen Hotels war – ist verzweifelt und fürchtet soziale Deklassierung. Am nächsten Morgen geht er mit Vera zum Arbeitsamt – prophylaktisch, als Therapie und Eingewöhnung, was später auf sie zukommt. In der Behörde wird das Elend lustlos verwaltet. Schmolli unterhält sich mit Wilma Wolf, einer Langzeitarbeitslosen ohne Hoffnung und Perspektive. Vera kann das kaum aushalten, sie läuft davon.

Herr von Winkler hat Ilka zu einem Business-Lunch gebeten. Seine Großmutter, leitet er das Gespräch ein, habe immer gesagt: Wenn es Wichtiges zu besprechen gebe, solle man in ein Restaurant gehen. «Denn wenn es Streit gibt, fällt keiner aus der Rolle.» Ilka ahnt schon etwas – und ist dann doch überrascht zu hören, dass ihr Chef kein gutes Haar an ihr und ihrer Arbeit lässt. «Sie sind eine zu schnell beförderte Sekretärin mit Boss-Allüren und zu vielen privaten Ambitionen.» Das war deutlich. Und dann wird Winkler noch deutlicher: Er brauche keine Stellvertreterin – Ilka ist gekündigt. Sie steht auf und – auch Großmütter können irren – schüttet dem verdutzten Winkler das Glas Wasser ins Gesicht. Der schreit ihr hinterher: «Fristlos!»

«Lamentier nicht herum. Reiß dich zusammen.» Mutter Harsefeld wäscht der weinerlichen Marie den Kopf, die sich unverstanden fühlt. Gut, dass sie sich für den Nachmittag mit Ilka verabredet hat. Gleich nach ihrer Auseinandersetzung mit Winkler braust Ilka mit ihrem roten BMW nach Hitzacker. Die Freundinnen unternehmen einen Spaziergang. Ilka kommt kaum zu Wort, weil Marie nur von ihrem Unglück spricht. Am Ende platzt Ilka der Kragen, sie berichtet von ihrer Kündigung und lässt eine sprachlose Marie zurück.

Marie sitzt bei Ronaldo im Krankenhaus und erzählt ihm die ungeheuren Neuigkeiten. Plötzlich klopft es an der Tür, Dr. Rilke bringt Besuch: Hansson persönlich. Mit Zustimmung des Arztes entführt er den Kranken und Marie für zwei Stunden, um ihnen sein neues Luxushotel zu zeigen: das Hansson Palace! Er bietet Ronaldo und Marie sein schönstes und modernstes Objekt an. Die beiden strahlen, Marie hat aber noch eine Bitte. Ob Hansson schon gehört hat, dass von Winkler Ilka abgesägt hat? Sie könnte doch im Palace Ronaldos Stellvertreterin werden … Hansson stimmt sofort zu, und man reicht sich die Hände: «Auf die alte Mannschaft im neuen Hotel.»

Folge 30: Wahre Treue

Im Hansson Palace, dem neuen Flaggschiff des Konzerns, laufen die Vorbereitungen auf Hochtouren. Dagegen ist die Stimmung im Hansson Hamburg auf dem Nullpunkt und darunter. Winkler macht Begemann Druck: Er soll endlich auch mit den letzten Querulanten fertig werden.

Die Mittagspause nutzen die Mitarbeiter des alten Hotels, um bei Ronaldo und Ilka hereinzuschauen: Elfie und Vera, Stefan und Schmolli, die Stade, alle Gekündigten kommen vorbei, denn sie suchen einen neuen Arbeitsplatz. Ronaldo, der aus allen Wolken fällt, hilft ihnen gern: So kommt er an eine eingespielte Mannschaft und braucht nicht erst per Zeitungsannonce Leute suchen.

Auf das Angebot, seine Stellvertreterin im Hansson Palace zu werden, reagiert Ilka kühl: Sie gibt Ronaldo einen Korb. Sie will nicht mehr für Hansson arbeiten – als Frau schaffe man dort immer nur die zweite, nie die erste Position –, ja, sie brauche, nachdem sie das Haus auf Long Island geerbt hat, gar nicht mehr arbeiten. Wider Erwarten genießt sie das Nichtstun.

Am liebsten würde sie Zoltan auf seinen Reisen begleiten, doch davon hält der nichts. Er taucht auf und verschwindet wieder, ganz nach Belieben. Stets gibt es irgendwo auf der Welt einen Konfliktherd, und stets reist er über Frankfurt. Ilka wird misstrauisch – in Frankfurt lebt Zoltans Frau, von der er sich angeblich getrennt hat. «Misstrauen ist eine Axt am Baum der Liebe», lautet ein russisches Sprichwort, das Zoltan einmal zitiert hat.

Konferenz zweier Hoteldirektoren: Ronaldo arrangiert sich mit von Winkler. Der Konzern spart die Abfindungen und damit viel Geld, weil das freigesetzte Personal vom neuen Hotel übernommen wird. Ronaldo erteilt von Winkler eine Lektion in Sachen Menschenführung und Mitarbeitermotivation, doch dies ist vergebliche Liebesmüh'. Der Jungmanager will sich nicht belehren lassen, sondern verlässt das Palace mit einer Kampfansage. Die beiden Hansson Hotels in Hamburg werden nicht zusammenarbeiten, sondern sich einen harten Konkurrenzkampf liefern.

Vor der Tür trifft von Winkler auf seinen Personalchef: Begemann, der alte Opportunist, wechselt die Fronten. Auch er findet bei Ronaldo eine neue Wirkungsstätte und bringt im Schlepptau Renee Broschek mit (was nicht einhellige Begeisterung auslöst). Bleibt nur noch das Problem Ilka. Marie spricht noch einmal mit ihr und ringt ihr schließlich die Zustimmung ab:

63   Serienguide

Ilka macht mit, das neue Nobelhotel kann seine Pforten öffnen.

Folge 31: Geschwisterliebe

Bevor das Hansson Palace seinen Betrieb aufnimmt, sind noch ein paar Dinge zu klären, u. a. die Frage, für wen Maric arbeiten will. «Eng macht böse», fürchtet sie und sucht deshalb beruflich etwas Abstand zu Ronaldo: «Vielleicht ist es ganz gut, wenn ich nicht deine Sekretärin bin.» Sie wird für Ilka arbeiten, und Frau Stade, die altbewährte Kraft, für Ronaldo.

Für Katja Harms bleibt nur der Schreibpool, aber sie ist damit ganz einverstanden – no problem. Auch die Kolleginnen freuen sich über die Verstärkung: Katja ist munter und schnell, schafft etwas weg und riskiert gern eine kesse Lippe. Es gibt nur ein Problem: Sie ist Kettenraucherin.

Verglichen mit dem alten Hansson Hotel hat das Palace die Hälfte der Betten, will aber doppelt so viel Luxus bieten. In der Hotelhalle richtet Ronaldo einen Kiosk ein. Schmolli hat eine Idee, wer diesen Job übernehmen könnte: Wilma Wolf, die er im Wartesaal des Arbeitsamtes kennen gelernt hat.

Sorgen macht sich Ronaldo um seinen Schützling Stefan Ahlbaum: «Irgendetwas stimmt da nicht.» Im Gespräch unter vier

Stefan hilft seiner drogenabhängigen Schwester

Augen erfährt er, dass Stefan seine drogenabhängige Schwester finanziert, damit sie nicht auf den Strich geht. Die Eltern wissen nichts davon, in ihrem Hause wurde immer alles totgeschwiegen. Der autoritäre Vater, die Mutter, die alles vom Leben will, nur keine Probleme, Stefanie, die Angst vor dem Entzug hat, außerdem ist kein Therapieplatz zu finden … Stefan weiß keinen Ausweg mehr.

Stefanie sucht ihren Bruder. Im Hotellift bricht sie zusammen, sie hat einen «Affen». Ronaldo lässt sie in einem Hotelzimmer übernachten und alarmiert die Eltern, die aus Düsseldorf angereist kommen. Ein unschöner Auftritt: Dr. Ahlbaum schäumt vor Wut – sein Sohn und Erbe arbeitet als Tippse, seine Tochter ist ein Junkie! Ronaldo greift ein, erinnert ihn an die Verpflichtungen, die Eltern gegenüber ihren Kindern haben. Der Industrielle weist jede Schuld von sich und reist wieder ab, aber seine Frau steckt Schmolli heimlich einen Umschlag mit Geld zu: Bitte weitergeben an Stefan.

«Genug Aufregungen für heute.» Ronaldo fährt mit Marie nach Hause. «Wir sind doch das ideale Elternpaar», meint Marie im Auto, und Ronaldo brummt: «Besser als die Ahlbaums auf alle Fälle.» Nach einer Pause sagt sie: «Aber was nicht ist, kann ja noch werden.» – «Du meinst die Ahlbaums?» Marie lacht: «Ich meine die Schäfers.»

Folge 32: Der Heiratsantrag

«Oh, Scheiße!» Die eifrig tippende Schreibpool-Mannschaft schaut zu Elfie auf, die ein Fax in der Hand hält: Die Stockholmer Zentrale sagt einen Termin ab, weil Bill Hansson erkrankt ist. Das Fax stammt von gestern Nachmittag – und heute Morgen ist Ronaldo mit seiner Sekretärin Gudrun Stade nach Stockholm gefahren.

Ilka hat einen Anruf aus Kairo erhalten: Zoltan wird morgen in Hamburg sein. Sie freut sich auf das Wiedersehen und verabredet sich in bester Laune mit ihrer Freundin Marie. Die entdeckt in einer Zeitschrift eine Reportage von Zoltan: «Die Kinder dieser Welt». Groß aufgemacht, mit Foto des Autors und Kurzvita. «Er reist ständig um die Welt», heißt es dort, Ilka kann es bestätigen. Und weiter: «Am liebsten ist der gläubige Christ jedoch bei seiner Frau und seinem Sohn Johannes (8) in Frankfurt.» Ilka wird kreidebleich.

In Stockholm öffnet ein überraschter Hansson die Tür, bittet den Besuch aber herein. Der Konzernchef ist leicht vergrippt, doch nun sind Ronaldo und Frau Stade schon einmal gekommen. Sie können in seinem Landhaus schlafen; Frau Stade scheint das nicht sehr recht zu sein, aber der liebenswürdige Hansson zwingt sie fast dazu.

Später Abend. Frau Stade holt sich ein Mineralwasser aus der Küche, plötzlich steht Hansson hinter ihr. «Na, Gudrun?» Die beiden verbinden eine alte Liebesgeschichte, Jahrzehnte her: Sie war ein junges Au-pair-Mädchen, Hansson ein verheirateter Mann. Sentimentale Erinnerungen, Geständnisse – sie will nicht mehr daran rühren.

Ilka hat sich von Marie coachen lassen: Wenn Zoltan erscheint, ganz cool sein und ihn abfahren lassen. Und Ilka zieht die Nummer durch. Zoltan hat ein Geschenk mitgebracht, ein Goldkreuz an einer Kette. Sie hat auch ein Geschenk für ihn: eine Puppe, ein Plastik-Muskelprotz in Military-Outfit. Zoltan ist irritiert. Wäre vielleicht auch, Ilka wird sarkastisch, ein Geschenk für seinen kleinen Jungen … «Es ist aus zwischen uns», Ilka kann sich nicht länger zurückhalten. «Warum tust du mir das an?» Vergeblich rechtfertigt sich Zoltan: Er lebe von seiner Frau getrennt, die Magazine würden so einen Schmus schreiben – man dürfe doch nicht alles glauben, was gedruckt wird.

Hansson versteht es, alles geschickt zu arrangieren: Die Gespräche mit den Bankleuten sind vorbei, Ronaldo muss noch mit den Vorstandsherren konferieren – und er will Frau Stade das schöne Schweden zeigen. Der Chauffeur bringt die beiden in der Limousine zu einem Holzhaus am Wasser. Ein Ort, der einmal für ihre Liebe Bedeutung hatte, so recht geeignet, Gefühle wieder aufleben zu lassen.

Hansson, inzwischen ein alter Mann, der drei Ehen hinter sich hat, macht ihr einen Heiratsantrag. Sie lehnt ab: «Nein, Bill. Das wird nichts.»

STADE: *Jetzt ist in meinem Leben kein Platz mehr für Träume, Phantastereien. Ich bin so ernst und so sachlich und so nüchtern hier drinnen geworden, das glaubst du gar nicht. Das träumerische Mädchen, das ich einst war, das begucke ich heute wie ein fremdes Wesen. Nein, Bill. Das wird nichts. Nimm es mir nicht übel. Aber schlag dir das aus dem Kopf.*

HANSSON: *Willst du nicht noch einmal darüber nachdenken?*

STADE (schüttelt den Kopf): *Und wenn du ehrlich bist, dann willst du nicht mich. Sondern nur eine Frau an deiner Seite … eine, die dich unterhält und amüsiert und umsorgt … eine Gesellschafterin … irgendjemand, der dich ablenkt davon, ständig darüber nachdenken zu müssen, wie viele nicht wieder gutzumachende Fehler du begangen hast in deinem Leben.*

«Du kannst doch nicht ernsthaft denken, ich wäre eine Frau, die man erst belügt und betrügt und dann am Ende mit hundert roten Rosen wieder zurückgewinnt.» Ilka will hart bleiben, aber es gelingt ihr nicht: Die Liebe ist stärker. Zoltan beschwört sie. Die Scheidung sei eingereicht, und er brauche sie. Sie sei sein Zuhause. Die Versöhnung ist genauso heftig wie der Streit zuvor. Und dann kommt wieder ein Anruf von der Redaktion, der Reporter packt seine Koffer …

Abreise auch in Stockholm. Ronaldo ist unzufrieden mit dem Ergebnis, aber er spürt, dass man im Moment mit Hansson nicht weiterkommt. Denn der Konzernchef ist mit seinen Gedanken nicht beim Geschäft – Ronaldo hat mitbekommen, dass zwischen seiner Sekretärin und Hansson etwas ist, er bemerkt auch, dass sie beim Abschied noch ein Kästchen zugesteckt bekommt. Als sie in Hamburg landen, bricht Frau Stade in Tränen aus: Sie ist nicht so hart und lebensklug, wie sie sich gegeben hat, nun spricht ihr Herz.

Ilka hat eine gespenstische Begegnung vor dem Palace. Eine Frau steuert auf sie zu, holt aus der Handtasche das Foto eines Jungen heraus. «Wollen Sie diesem Kind seinen Vater nehmen?» Ilka ist sprachlos: Was wollen Sie, wer sind Sie überhaupt? Die Frau kreischt: Ilka solle nicht so scheinheilig tun, sie sei Zoltans Ehefrau. Ilka fängt sich: Zoltan habe gesagt, sie lebten getrennt. Die Frau triumphiert: «Im Gegenteil. Glauben Sie, ich wäre sonst wieder schwanger?»

Folge 33: In die Karten geguckt

Ein Oldtimer fährt vor: ein Mercedes Coupé, Baujahr 62, Schmolli weiß gleich Bescheid. Doch den Schlüssel, um den Wagen in die Garage zu fahren, gibt der Besitzer ihm erst, nachdem er Sternzeichen und Aszendenten des Portiers weiß. Der Gast ist nämlich Franz Zirpenbach, ein bekannter Astrologe.

Der Mann ist Stadtgespräch, und auch im Schreibpool wird diskutiert: Soll man sich einen Termin bei ihm holen und die Zukunft befragen? Vera interessiert sich für Esoterik, Katja ist skeptisch, und Elfie erklärt Astrologie schlicht für Humbug.

Mit dem Gedanken, sich von Zirpenbach ein Horoskop erstellen zu lassen, spielt auch Marie, die früher die Karten befragt hat. Ronaldo, der Vernunftmensch, hält gar nichts davon. Die beiden geraten auch wegen eines anderen Themas aneinander: Heike ruft an und plaudert mit Ronaldo. Dagegen ist nichts zu sagen, schließlich ist sie seine Tochter, und doch … Heike ist ein rotes Tuch für Marie.

Katja, der Neuen im Schreibpool, kann Renee ihre alten Lügengeschichten auftischen. Die Broschek, jetzt bei Dr. Begemann, kann nun mit vertraulichen Infos aus den Personalakten dienen und hetzt gegen Elfie und ohne jeden Grund, nur aus Spaß an der Intrige – Marie: eine «ätzende Provinznudel» sei sie, «die Mobbing-Queen des Palace Hotels». Katja kann kaum glauben, was sie alles in der Mittagspause von Renee gesteckt bekommt.

Allein trauen sie sich nicht, aber zusammen: Die Freundinnen Marie und Ilka lassen sich einen gemeinsamen Termin bei Zirpenbach geben. Sie würden es nicht sagen, aber natürlich würde Ilka gern wissen, wie es mit Zoltan und Marie, wie es mit Ronaldo weitergeht ... Der Astrologe schaut auf seine Diagramme, sieht zu Marie: «Krebs mit Aszendent Löwe – viel Angst und viel Ich», guckt zu Ilka: «Skorpion mit Aszendent Wassermann – immer den Stachel ausfahren, zwischen Genie und Wahnsinn.» Ilka und Marie sind sprachlos. Zirpenbach, ganz Wahrsager, sieht eine dunkelhaarige Frau, die Marie in die tiefste Krise ihres Lebens stürzen wird. Dann ist die Stunde vorbei. «Und das glaubst du jetzt», meint Ilka, worauf Marie heftig dementiert: «Quatsch.» Und doch: Sie ist entsetzt, kann das kaum überspielen.

Franz Zirpenbach reist wieder ab. Mit Schmolli, der den Oldtimer vorfährt, hatte er auch ohne Termin ein gutes Gespräch. Der Portier ist ein Menschenkenner, mehr noch: ein Menschenfreund. Und den Wagen wird er ihm – der Astrologe macht dunkle Andeutungen, sein eigenes Schicksal betreffend – einmal vermachen.

Folge 34: Eifersucht

Sonntagabend, Marie und Ronaldo liegen bereits im Bett, klingelt das Telefon. Marie hebt ab, stottert etwas ins Telefon, verab-

Franz Zirpenbach überläßt nicht jedem seine Autoschlüssel

redet sich und legt auf. «So'n Typ von der Versicherung», überzeugend klingt das nicht – Ronaldo weiß: Marie lügt.

Rumpelmayer, der Küchenchef vom alten Hansson Hotel, taucht im Restaurant des Palace auf und stänkert lauthals. Die anderen Gäste werden schon aufmerksam, Uwe, der erste Sous-Chef, wird gerufen. Ein Wort gibt das andere, am Ende wird ein Duell der Küchenchefs vereinbart: Wettkochen am nächsten Mittwoch, Testesser: Ronaldo und Marie.

Mittags im Alsterpavillon. Marie trifft sich heimlich mit Zoltan: «Ilka würde mich erschlagen, wenn sie wüsste …» Zoltan bedrängt sie, bei Ilka für ihn ein gutes Wort einzulegen. Sie fühlt sich unbehaglich in ihrer Rolle, kommt sich wie eine Verräterin vor. Trotzdem, sie lässt sich einspannen, wider besseres Wissen.

Wie soll sie's anfangen? Marie druckst herum, doch Ilka spürt sofort, dass was nicht stimmt, und spottet: «Meine Freundin Marie hatte schon in der Schule in Hitzacker eine 5 im Lügen.» Als Marie meint, sie solle doch mit Zoltan reden, geht Ilka an die Decke: «Dieses blöde Tier … wirft alle Geigen der Welt für mich an, verspricht mir den Himmel … belügt und betrügt mich und überredet mich dann noch, ihm zu verzeihen, und am Ende taucht seine schwangere Ehefrau auf.» Sie redet sich in Rage und hat plötzlich einen Verdacht. «Wenn ich es

nicht besser wüsste, würde ich denken: Er hat dich geschickt.» Halbherzig schüttelt Marie den Kopf. «Das wäre dann nämlich wirklich das Ende unserer Freundschaft», daran lässt Ilka keinen Zweifel.

Kleinlaut gesteht Marie Ronaldo, dass sie sich mit Zoltan getroffen hat. Auch Ronaldo findet das unmöglich: Was hat sie mit Ilkas Liebschaften zu tun? «Hör auf, dich in jeden Unsinn einzumischen. Du bist weder Mutter Teresa noch das Bundesverfassungsgericht.»

Marie kann's nicht lassen: Wieder trifft sie sich mit Zoltan, sie meint es doch nur gut. Ronaldo wird ernsthaft sauer. Doch irgendwie … Marie fühlt sich geschmeichelt, Zoltan ist charmant, auch ihr gegenüber. Er hat es geschafft, Ilka wird ihn anhören, und als Dank für ihre Vermittlung lädt er Marie ins Checkers ein. Darüber vergisst sie glatt, dass sie an diesem Abend mit Ronaldo beim Kochduell als Schiedsrichter fungieren sollte.

Ilka springt ein. Ronaldo fällt nach dem Testessen ein salomonisches Urteil: Er wird Rumpelmayer bei von Winkler rauskaufen und Uwe zum Küchenchef für das geplante zweite Restaurant befördern. Und was machen wir jetzt? Ronaldo und Ilka gehen noch auf einen Absacker ins Checkers.

Marie und Zoltan sind schon angetrunken, sie tanzen eng umschlungen. Zoltan küsst gerade Marie, als die beiden erscheinen. Ronaldo geht auf Zoltan los, der ihn mit einem Kinnhaken zu Boden schlägt und dann das Lokal verlässt. Ilka folgt ihm. Marie kümmert sich, gerührt, um den am Boden liegenden Ronaldo. Doch der springt plötzlich auf und rennt zum Wagen.

Ilka und Zoltan versöhnen sich noch in der Nacht. Ronaldo dagegen hat Pech: Er wird von einer Polizeistreife angehalten – Alkoholkontrolle. Der Polizist guckt aufs Röhrchen: «Eigentlich darf ich dazu nichts sagen. Aber unter uns: Der Lappen ist weg!»

Folge 35: Elfie in Angst

Marie ist frustriert: Alle ihre guten Ideen, z. B. eine Hotelterrasse auf dem Ponton, werden abgeschmettert. Bevor sie ihre Vorschläge präsentieren kann, erklärt Ronaldo die Konferenz für beendet.

Nur Ilka soll noch bleiben, Vier-Augen-Gespräch in seinem Zimmer. Alarmierende News aus Stockholm: Hansson hat Finanzprobleme, man hat sich übernommen, die Banken spielen nicht mehr mit. Davon darf nichts nach außen dringen, niemand etwas wissen. Auch Marie nicht, beschwört Ronaldo Ilka.

«Schade, dass du mich vorhin so abgebürstet hast.» Marie lässt nicht locker, sie will von Ronaldo wissen, «warum Ilka und du so anti sind». Ronaldo ist abweisend, auf eine Diskussion lässt er sich nicht ein. «Sonst noch was?» Marie hat durchaus noch einen Wunsch: «Ja. Ich möchte eine Gehaltserhöhung.»

Das Leben im Hotel geht weiter. Schmolli traut seinen Augen nicht, als eines Tages Zirpenbachs Oldtimer von einem Transporter gebracht wird: Der Astrologe ist gestorben und hat, wie angekündigt, das Prachtstück ihm vermacht. Katjas Qualmerei sorgt für dicke Luft im Schreibpool. Elfie verbreitet permanent schlechte Laune – sie hat Kopf- und Rückenschmerzen, fühlt sich schlapp und elend. Zum Arzt will sie nicht, denn sie fürchtet, Krebs zu haben.

Das heikle Thema Gehaltserhöhung. Ronaldo schickt Marie zu Ilka, diese wimmelt sie unwirsch ab: Sie habe andere Sorgen. Marie ahnt nicht, wie es um die Finanzen steht, dass nicht einmal die nächsten Löhne und Gehälter gesichert sind. Für sie gibt es nur einen Grund für die unfaire Behandlung: Ilka trägt ihr noch immer nach, dass sie sich damals mit Zoltan getroffen und Schicksal gespielt hat.

Marie stellt Ilka und nötigt ihr eine Aussprache auf. Sie habe doch nur, aus dem Herzen heraus, etwas Gutes tun und helfen wollen … Ilka dagegen wirft ihr Vertrauensbruch vor. Und ihre Motive seien nicht edler Natur – Marie habe ihre Freundin hintergangen aus Eitelkeit und Wichtigtuerei. Die beiden stehen sich gegenüber, unversöhnlich – ihre Freundschaft ist beendet. Marie: «Ich rede kein Wort mehr mit dir, das schwöre ich, kein Wort, das nicht berufliche Gründe hat.»

Entwarnung: Hansson hat eine Lösung gefunden, sie heißt: Sale and lease back. Auf Deutsch: Er verkauft die Hotels in Amerika und mietet sie zurück, kann dank dieser Transaktion wieder über Kapital verfügen. Das Hansson Palace ist vorerst gerettet.

Elfie hat ihre Angst überwunden: Sie ist zu Dr. Rilke gegangen, hat sich im Krankenhaus durchchecken lassen. Das Untersuchungsergebnis: Sie ist kerngesund, das einzige, was sie braucht, sind Einlagen und eine Brille. Und ein bisschen Sport würde auch nicht schaden.

Folge 36: Marie räumt auf

«Es geht nicht. Es geht einfach nicht weiter so.» Das Problem Marie macht Ilka zu schaffen. Sie habe einen Horror vor jedem neuen Arbeitstag, gesteht sie Zoltan. Immerhin ist diese Beziehung wieder im Lot: Seine Scheidung läuft, der Auftritt der angeblich schwangeren Frau war eine hysterische Eifersuchtsaktion. Zoltan will sein unstetes Leben als Kriegsreporter aufgeben, stattdessen ein Buch schreiben

und nach Hamburg ziehen, um Ilka nah zu sein.

«Du machst unsere Beziehung kaputt, wenn du das nicht änderst.» Heike will zu Besuch kommen; Ronaldos Tochter ist für Marie immer noch ein rotes Tuch. Ronaldo möchte Frieden, aber keine von beiden will ihn mit der anderen teilen. Das Thema löst stets Verärgerung und Streit aus. Er: «Ich versteh das nicht.» Sie: «Ich kann es dir ja erklären.» Er: «Danke, nein.» Und Abgang.

Dummerweise hat sich am selben Wochenende noch anderer Besuch angekündigt. Die Hollwinkels haben ein Preisausschreiben gewonnen: Musical-Besuch in Hamburg, Übernachtung im Hansson Palace. Für vier Personen – Hannelore hat gleich an ihre Freundin Elisabeth Harsefeld gedacht, da können sie sich gemeinsam anschauen, wie Marie sich in dem neuen Luxushotel macht.

Beim Abendessen im Restaurant ist die Stimmung zwischen Heike und Marie mehr als gespannt. Ronaldos Vermittlungsversuche sind erfolglos. Heike ist gekommen, weil sie am Todestag ihrer Mutter mit Ronaldo das Grab auf dem Friedhof besuchen will – Marie empfindet das als Provokation.

Den Eltern und ihren Freunden Hamburg zu zeigen, dazu hat Marie in dieser Situa-

Marie hat eine Entscheidung getroffen

tion keinen Nerv. Mutter Harsefeld hat gleich gespürt, dass etwas nicht stimmt. Sie erzählt Marie, wie damals ihr Mann, Maries Vater, durchgebrannt ist und Erich Harsefeld auf der Bildfläche erschien, sie sich entscheiden musste. Auch Marie wird eine Entscheidung treffen müssen.

Heike hat, am Grab der Mutter, eine Entscheidung getroffen: friedliche Koexistenz mit Marie. So schwer es beiden fällt, sie sind bemüht, ihre Feindschaft zu begraben. Für Ronaldo – Heike reicht Marie die Hand. «Deswegen mag ich Sie trotzdem nicht besonders.» – «Ich Sie auch nicht.»

Marie fällt noch eine andere Entscheidung. Im Direktionsbüro, bei Ronaldo und Ilka, erklärt sie, dass sie ihre Energie und Kreativität nicht genügend gewürdigt findet. Sie sei doch nur eine, die «man jederzeit in jeder Rolle abrufen kann, als Freundin, Kumpel, Tippse, Prügelknabe, Kaffeekocherin, Informantin und Dummchen, vor dem man Herrschaftswissen geheim halten kann». Damit ist es vorbei: «Ich wollte euch mitteilen, dass ich kündige. Fristgerecht und unwiderrufbar.»

Folge 37: Abschied

Elfie will etwas für ihre Gesundheit tun, und so schleppt sie die Girlfriends in ein Fitness-Studio. Beim Drink danach ist Maries Kündigung das Gesprächsthema – was sagt denn Ronaldo dazu? Marie trocken: «Da muss er durch.»

Vera und Stefan laden Elfie zum Essen ein. Da ist eine Eröffnung zu erwarten, Elfie ist doch nicht naiv: «Mutter hört. Was haben die Kinder angerichtet?» Na gut – die beiden sind ein Paar, und Stefan will kündigen. Er hat sich mit seinem Vater ausgesöhnt, nimmt das Studium wieder auf und will später den Familienbetrieb übernehmen.

Marie lässt sich nicht mehr umstimmen, sie bleibt bei der Kündigung. Natürlich wird es, ob sie will oder nicht, eine Riesenabschiedsfete geben. Im Checkers, wo sonst. Elfie macht mit Rob, dem Besitzer, alles klar. Nebeneffekt: Zwischen den beiden funkt es gewaltig, Liebe auf den ersten Blick.

Renee Broschek betreibt ihre Karriere offensiv, in jeder Beziehung. Begemann, auch er ist doch nur ein Mann, bekommt es mit der Angst zu tun – die sexuellen Attacken seiner Sekretärin, ebenso verführerisch wie unheimlich, die reinste Nötigung. Er muss sie loswerden, und so empfiehlt er Ilka Renee als Maries Nachfolgerin. Als Marie davon erfährt – sie hatte Elfie favorisiert –, geht sie vor Wut an die Decke.

Im Checkers hängt ein Schild: Heute Abend geschlossene Gesellschaft. Die Abschiedsfete ist voll im Gange, Elfie hat einen um-

jubelten Auftritt. Währenddessen kommt Zoltan, früher als erwartet, von einem Auslandseinsatz zurück. An der Rezeption sagt man ihm, dass Ilka mit den anderen im Checkers feiert. Er nimmt sich ein Taxi. Als er aussteigt und die Straße überquert, erfasst ihn ein Auto. Ein dumpfer Aufprall, Zoltan fliegt durch die Luft. Aus dem Checkers tönen Jubel und Zugaberufe, aus der Ferne hört man die Sirene des Krankenwagens. Zu spät: Zoltan ist tot.

Folge 38: Allein gelassen

Marie hat schlechte Laune, ist gereizt. Ronaldo kommt immer später nach Hause, und sie geraten meist in kleinliche Streitereien. Der Mann geht morgens aus dem Haus – genauer: er wird von Schmolli abgeholt, denn Ronaldo hat ja keinen Führerschein mehr –, an der Haustür winkt Marie. Danach ist sie allein im Haus. Sie langweilt sich, ihr fällt die Decke auf den Kopf – droht ihr das Schicksal einer grünen Witwe?

Im Direktionsbüro des Hansson Palace dagegen herrscht Stress und Hektik. Herr von Winkler, der Direktor vom alten Hansson Hotel, erscheint. Pech für ihn, dass Ronaldo keine Zeit für ihn hat und er deshalb mit Ilka vorlieb nehmen muss. Er sucht einen Job: Hansson hat eines seiner beiden Hamburger Hotels verkauft, die Townhouse-Gruppe hat jetzt das Sagen und als erstes von Winkler vor die Tür gesetzt. Aber Ilka hat nicht vergessen, wie der arrogante Jungmanager sie einst gefeuert hat. Sie serviert ihn eiskalt ab, erteilt ihm eine gnadenlose Abfuhr.

Ilka wartet in der Ankunftshalle des Flughafens – vergeblich, denn Zoltan kommt nicht. Sie macht sich Sorgen, zumal sie von Doris erfährt, dass Zoltan am Tag der Abschiedsfete da war und zum Checkers fahren wollte.

Marie hat sich mit Gudrun Stade verabredet. Sie sitzen auf der Hotelterrasse, und Marie klagt ihr Leid. Die Stade hat's gewusst, Marie gibt es zu: «Ja ja, du und deine Lebenserfahrung.» Und dann stellt die lebenserfahrene Kollegin, die darauf verzichtet hat, Frau Hansson zu werden, eine Frage, die Marie irritiert, geradezu schockiert: «Wieso bist du noch nicht Frau Schäfer?»

Ilka am Schreibtisch. In der Post ist ein Päckchen, an sie persönlich, kein Absender. Sie öffnet das Päckchen: eine Todesanzeige. «Unser Sohn, Mann und Vater ist bei einem Verkehrsunfall tödlich verunglückt. Zoltan Landauer, 1958–1997», dazu Fotos und Erinnerungsstücke. Die Tür öffnet sich, die Broschek erinnert an einen Termin – Ilka: «Ich komme.»

Marie hat alles hübsch hergerichtet: Blumen, Kerzenleuchter, Sektgläser – kein

Zweifel, sie hat heute Abend etwas vor. Doch Ronaldo ruft an: Es kann spät werden. Als er endlich kommt, spricht er nur von Ilka, die offensichtlich Kummer habe. Und am nächsten Morgen, zwischen Tür und Angel, Ronaldo ist wieder auf dem Weg nach Stockholm, ist eigentlich auch nicht der rechte Zeitpunkt. Trotzdem. Marie: «Warum hast du mich nie gefragt: Wollen wir heiraten?» Ronaldo ist in diesem Moment überfordert, er murmelt nur: «Bitte lass es uns vertagen.» Doch Marie dreht jetzt erst auf, ein Wort gibt das andere. Der Streit mündet in ihrem Auszug: Sie packt ihre Sachen und zieht zu ihren Eltern.

Mitten in der Nacht wird Marie in Hitzacker von einem Anruf aufgeschreckt. «Marie, hilf mir …» Ilka ist am Telefon. «Ich kann nicht mehr.»

Folge 39: Die gelben Schleifen

Freundinnen in der Not: Marie hilft der zerstörten Ilka, wieder zurück ins Leben zu finden. Und Ilka ist eine verständnisvolle Zuhörerin, wenn Marie von ihrem Ronaldo-Problem erzählt: «Ich kann gar nicht ohne ihn. Aber ich glaube: auch nicht mit ihm.»

Herr Eberhard, Aktentasche unterm Am, macht eine seiner gefürchteten Stippvisiten. Er kommt vom Gewerbeaufsichtsamt

Ilka, Marie und Elfie

und macht seinen Kontrollgang. Ein Beamter findet immer etwas zu beanstanden: Wilmas Kiosk in der Hotelhalle ist nicht genehmigt, der muss weg.

Wenn der Kiosk geschlossen wird, verliert Wilma ihren Arbeitsplatz. Sie war lang genug arbeitslos, und nun erfährt sie auch noch, dass Katja die Tochter des Werftbesitzers Harms ist, der damals Konkurs gemacht und sie damit ins Elend gestürzt hat.

Ilka flüchtet in die Arbeit. Ronaldo führt ein verlottertes Junggesellenleben, er hat oft keine Lust, nach Hause zu fahren, und schläft im Hotel. Ilka beschwört ihn, sich wieder mit Marie zu versöhnen. Doch er erreicht sie telefonisch nicht, und ihre Anrufe, denn auch sie möchte ihren Knatsch bereinigen, werden von der intriganten Renee nicht durchgestellt.

Katja hat einen Vorschlag: Stefan verlässt doch den Schreibpool – könnte nicht Wilma, die früher einmal Sekretärin bei ihrem Vater war, die Stelle übernehmen? Die Idee ist gut, und Katja, die von der verbitterten Wilma heftig angegangen wurde, beweist damit menschliche Größe. «Wenn die wieder verliehen werden, kriegst du von mir einen Heiligenschein», das meint Elfie diesmal ganz ernst.

Der Bürokrieg zwischen Renee und der Stade eskaliert. Der genervte Ronaldo erklärt Frau Stade kurzerhand zur Leiterin des Direktionsbüros und staucht Renee zusammen: sie stehe kurz vorm Rausschmiss. Und besonders nimmt er ihr übel, dass sie ihm Maries Telefonate verschwiegen hat.

Ronaldo eilt aus dem Büro und bittet Schmolli, ihn zu fahren. Er bestellt Marie telefonisch zu «ihrem» Baum an der Landstraße: Die Eiche ist über und über geschmückt mit gelben Schleifen. Marie ist gerührt und fällt Ronaldo um den Hals. Er bittet sie zurückzukommen, zu ihm nach Hause und ins Hotel. Sie könnte dort Gästemanagerin werden: «Das kannst du doch – dich einmischen, Probleme lösen, Menschen helfen.» Marie sagt ja, auch zu der letzten Frage: «Willst du meine Frau werden?» Sie küssen sich, und Schmolli wendet sich diskret ab.

Folge 40: Der schönste Tag

Bei den Harsefelds. Marie und Ronaldo sind da, es gibt ein ordentliches Abendbrot. Man schwätzt, doch dann will Vater Harsefeld wissen: «Ihr seid doch nicht ohne Grund hier, Marie, was?» Nun, das muss wohl Ronaldo sagen: Er möchte, ganz offiziell und altmodisch, um die Hand der Tochter anhalten.

Vater Harsefeld führt erst einmal mit dem zukünftigen Schwiegersohn ein Männer-

«Tie a yellow ribbon»: Ein Lied wird wahr

gespräch. In der Küche räumen die Frauen das Geschirr weg, und auf die Freude folgt der Schock: Marie und Ronaldo wollen nicht in der Kirche heiraten. «Das glaube ich jetzt nicht», Mutter Harsefeld ist ehrlich entsetzt. Da habe man lange genug toleriert, dass Marie in wilder Ehe lebe, außerdem, was würden denn Hannelore und Günter und Hein und Gundi sagen … Nun wird aber Marie fuchtig. Mutter Harsefeld greift zum letzten Mittel, sie droht: «Wenn du nicht in der Kirche heiratest, dann kommen wir nicht.»

Frau Stade nimmt diese und nächste Woche Urlaub. Sie fährt nicht in die Ferien, sondern ins Krankenhaus: Sie hat einen Tumor, muss operiert werden. Niemand in der Firma weiß davon, sie will auch keinen Besuch. Nach der Operation fühlt sie sich elendig, versteckt dies aber hinter Humor und Sarkasmus. Dr. Rilke, der Menschenkenner, ruft Marie an. Sie eilt ins Krankenhaus.

Standesamt. Nach stressigen Vorbereitungen und einem letzten Junggesellinnen-Abend mit Ilka ist der «schönste Tag» gekommen. Natürlich sind die Harsefelds doch gekommen, sie lassen sich die Hochzeit ihrer Tochter nicht entgehen. Einer fehlt noch, und jetzt wird Ronaldo doch nervös: Sein Freund Sebastian Beck, der aus Lima anreisen wollte und als Trauzeuge vorgesehen war, verspätet sich. Die Beamtin will nicht warten: «Wir möchten

Er hat die Schleifen im Baum aufgehängt und freut sich über den Erfolg: Schmolli

77 Serienguide

die Sache noch vor der Mittagspause ...»
Und so springt Ronaldos Tochter Heike als
Trauzeugin ein.

Folge 41: Hotelarzt Dr. Beck

Sebastian Beck – angereist aus Lima zur
Trauung – hat Probleme. Seine Frau Marcia hat ihn verlassen und die vier Kinder
mitgenommen; er will nicht wieder nach
Südamerika zurück, sondern in Hamburg
ein neues Leben beginnen. Vorerst wohnt
er bei Ronaldo und Marie.

Ronaldo ist glücklich, den alten Freund
in seiner Nähe zu haben: Man kann sich
austauschen und gemeinsam etwas unternehmen. Er wird ihm helfen, eine Stelle als
Arzt zu finden. Sebastians Verhältnis zu
Marie dagegen ist gespannt. «Sie mag mich
nicht», befürchtet Beck. Das Gegenteil ist
der Fall – gleich im ersten Moment wusste
sie: Das ist mein Traummann. Nur war sie
gerade dabei, sich zu verheiraten ... Marie
lässt ihn nicht an sich herankommen, denn
er könnte gefährlich für sie werden.

Frau Stade wird aus der Klinik entlassen,
Marie holt sie ab. Zu Hause wartet eine
Überraschung auf sie: Bill Hansson hat
sich aus Stockholm weggestohlen, keiner
weiß, dass er hier in Hamburg seiner alten
Liebe beistehen will. Und er wird Gudrun
Stade auch während ihrer dreiwöchigen
Kur begleiten.

Krebs, das ist ein Tabu. Frau Stade weiß,
warum sie ihre Krankheit vor den Kolleginnen verschwiegen hat. Nur Marie ist
informiert, doch die kann ihr Wissen nicht
für sich behalten: Bei einem Cuba Libre im
Checkers erzählt sie – unter dem Siegel der
Verschwiegenheit, versteht sich – Elfie, wo
die Stade ihren «Urlaub» verbracht hat.
Und schon weiß es das ganze Hotel. Marie
ist stocksauer, es kommt zu einem Riesenkrach mit Elfie.

Frau Winter, ein Hotelgast der schwierigen
Sorte, nervt mit ihren Sonderwünschen
und bissigen Bemerkungen. Offensichtlich
geht es ihr nicht gut, und eines Morgens
findet das Zimmermädchen Julietta sie
tot im Bett – Herzversagen. Der Todesfall
bringt Ronaldo auf eine Idee: Das Hansson
Palace braucht einen Hotelarzt, und Sebastian wäre der richtige Mann dafür. Der sagt
zu, nur Marie ist wenig begeistert.

Folge 42: Großer Schock und kleine Shaker

Der Personallift ist kaputt. Elfie mault: Sie
soll doch nicht etwa die ganzen Stockwerke
zu Fuß ...? «Täte Ihnen gut, Frau Gerdes»,
Renee Broschek kann sich's nicht verkneifen, «täte Ihnen gut!»

Auch die Boyfriends sind wieder beisammen: Kellner Leo, Koch Uwe und Carsten,
neu eingestellt als Barkeeper. Carsten, im

Nebenberuf Herzensbrecher, gibt eine Einstandsparty und baggert sofort Katja an.

Vera, die allein erziehende Mutter, bringt in den Schulferien ihren Florian mit ins Büro. So klein ist er nicht mehr, außerdem ganz leise und ganz lieb, kann sich auch selbst beschäftigen – Vera wüsste auch nicht, wohin mit Flori. Elfie gefällt das nicht, aber es sind ja nur drei Tage.

«Das hat uns im Hansson noch gefehlt: Bürodiebstahl.» Ronaldo sucht seine Uhr, ein wertvolles Stück. Er hat sie nur einmal kurz abgenommen und auf den Schreibtisch der Stade gelegt, jetzt ist sie weg. Ein gefundenes Fressen für Renee, sich beim Chef wichtig zu machen: Sie war die ganze Zeit im Direktionsbüro und weiß, wer den Tag über da war. Sie verdächtigt Katja – «die war eine Sekunde unbeaufsichtigt, als ich bei Frau Frowein die Unterschriftsmappe reingelegt habe.» Sie teilt ihren Verdacht nicht nur Ronaldo mit, sondern streut das Gerücht geschickt im ganzen Haus.

Der Lift geht immer noch nicht. Elfie ist sauer und meint zu Marie, sie könne einmal mit ihrem Mann darüber sprechen, doch die blockt ab: «Beschwer dich bitte selber.» Wenigstens sind inzwischen die Techniker da, um den Lift zu reparieren.

Am Abend, Vera bringt ihren Flori zu Bett, sieht sie etwas unter der Decke blitzen: die goldene Armbanduhr! Sie bekommt einen Schreck: Ihr Junge hat sie gestohlen. Und warum? «Weil sie schön ist.» Am nächsten Morgen steht Flori schuldbewusst bei Ronaldo im Büro, beichtet, dass er der Dieb war. Ronaldo hält ihm eine Standpauke.

Ernster ist die Sache mit Renee, der intriganten Lügenbaronin. Es ist nicht die erste böse Verleumdung – sie ist einfach untragbar, Ilka kündigt ihr. Als sie abzieht, gibt es noch einen großen Zusammenstoß mit Elfie. Die beiden giften sich an, dann dreht Renee ab. Sie reißt die Tür zum Personallift auf – und tritt in ein großes, schwarzes Loch, stürzt in die Tiefe. Elfie ist starr vor Schreck.

Folge 43: Herz und Hund

«Mamilein, ganz schlecht jetzt. Ich bin mitten in einer Besprechung.» Marie hat im Moment wirklich keine Zeit für Anrufe aus Hitzacker und vertröstet sie auf den Abend. Frau Harsefeld wollte nicht nur plaudern, sie hat echte Sorgen: Biene macht ihr Kummer, die Hündin ist alt und krank.

Marie ist doch eine Kuppelmutter: Sie macht sich ihre Gedanken, ob Sebastian nicht ein Mann für Ilka wäre. Doch, schon: Eine neue Liebe würde Ilka helfen, über die Trauer um Zoltan hinwegzukommen, und der beziehungsgeschädigte Hotelarzt könnte eine Frau gebrauchen,

79   Serienguide

dann würde er nicht immer mit Ronaldo zusammenglucken. Also lädt sie die beiden zum Abendessen ein.

Der Abend verläuft anders als geplant. Die Frauen sind noch bei den Vorbereitungen in der Küche. Ilka sagt Marie auf den Kopf zu, dass sie für Sebastian schwärmt, was Marie jedoch energisch abstreitet. Später, nach dem Essen, nennt Ronaldo Ilka seine liebste, zuverlässigste und wertvollste Partnerin – neben Marie selbstverständlich. Sebastian meint: Nun würden sie schon seit Jahren so eng zusammenarbeiten … «Warum siezt ihr euch denn immer noch?» Ronaldo steigt darauf ein, hebt das Glas zur Verbrüderung, doch Ilka blockt ab: Sie halte von dem Geduze in deutschen Büros nichts.

Noch später im Auto, Ilka nimmt Sebastian mit, bohrt er weiter. Ilka habe so eine betont distanzierte Haltung – hatte sie einmal eine Affäre mit Ronaldo? Sie weist ihn zurecht, er sei ja betrunken. Im Haus Schäfer, Marie und Ronaldo räumen ab, kommt es auch zu einem Disput. Marie findet Sebastian arrogant und dreist, was Ronaldo nur den Kommentar entlockt: «Glaube ich nicht.»

Frau Stade kehrt an ihren Arbeitsplatz zurück. Von den Kolleginnen wird sie herzlich begrüßt. Bereits Schmolli am Eingang fragt, ob es ihr gut gehe. «Nach einem Urlaub geht es einem doch immer gut», brummelt die Stade. «Es sei denn, man fällt in eine Montagsdepression wegen gefühlsduseliger Kollegen.» Die kennen die Wahrheit, und Marie muss gestehen, dass sie nicht den Mund gehalten hat. Elfie nimmt die Schuld auf sich und erklärt, dass, wenn jemand krank ist, es die anderen erfahren dürfen, ja, dass sie es wissen sollten.

ELFIE: *So larifari nebeneinanderher leben – ich finde das schrecklich.*

Sich nicht um den Kummer des anderen scheren, gleichgültig sein gegenüber den Sorgen der Kollegen und Mitmenschen: da muss man gegen angehen.

Freunde von mir engagieren sich im Kampf gegen Aids. Sie haben aus Amerika den Satz übernommen: Silence is death. Schweigen ist tödlich.

Deswegen finde ich es gut, dass wir Kolleginnen alle wissen, dass Sie eine Krankheit hatten, die wir alle kriegen könnten.

Deswegen finde ich es gut, dass Sie wissen, dass wir alle – und ich spreche für unsere ganze Abteilung – Anteil nehmen.

Wir mögen Sie, weil Sie Krebs hatten, nicht weniger, Frau Stade. Wir reden deshalb nicht schlecht über Sie.

Im Gegenteil: Wir alle haben an Sie gedacht, wir haben mit Ihnen gefühlt, uns Sorgen gemacht.

Und wir alle freuen uns, dass Sie jetzt wieder hier sind. So fit … und so kämpferisch wie eh und je.

Bei all den Turbulenzen hat Marie ganz vergessen, ihre Eltern zurückzurufen, und holt dies schnell nach. Mutter Harsefeld war inzwischen mit Biene beim Tierarzt, der ihr keine Hoffnung gemacht hat: Das Tier quält sich, man sollte Biene erlösen und einschläfern. Frau Harsefeld hat dies aber nicht übers Herz gebracht.

Marie fährt traurig nach Hitzacker. Sie macht mit Biene einen langen Spaziergang auf dem Deich, nimmt Abschied und sinniert über ihr Leben. Was bleibt, wenn man tot ist? Am nächsten Morgen bringt sie Biene schweren Herzens zum Tierarzt. Ronaldo kommt ebenfalls nach Hitzacker; er findet Marie an Bienes Grab. Er bringt sie wieder nach Hause. Marie umarmt ihn: «Ich möchte ein Kind von dir.»

Folge 44: Besuch aus Mallorca

Alexander Hofstädter, Maries alter Verehrer, ist für ein paar Tage im Hansson Palace. Marie holt ihn in der Halle ab und bringt ihn zu seiner Suite. Dass das Country-Hotel, Hofstädters Gutshof und sein Elternhaus, abgebrannt ist, tut Marie immer noch Leid. Hofstädter erkundigt sich nach Beruf und Privatleben. Er hatte geglaubt, nach der Heirat würde Marie auf die Karriere verzichten und eine Familie gründen. Da trifft er einen wunden Punkt. Sie mag nicht darauf eingehen: «Das ist kein Thema so für zwischendurch.»

Auf Elfies Verehrer ist kein Verlass, Rob hat sie wieder einmal versetzt. Er hat große Neuigkeiten: In Berlin, genauer: in Mitte, der angesagten Gegend, will er ein neues Lokal aufmachen. Bis der Laden läuft, geht er nach Berlin, und Elfie kann solange das Checkers in Hamburg managen. Über die Arbeit im Schreibpool habe sie doch immer gestöhnt, und beteiligen würde er sie natürlich auch. Dass Rob sie ohne zu fragen verplant, gefällt Elfie nicht, andererseits: raus aus dem Bürotrott hat auch seinen Reiz.

Es wird dann doch kein radikaler Schnitt. Ronaldo will Elfie nicht ziehen lassen, und Marie findet die Lösung: Elfie arbeitet im Hotel nur noch halbtags und kann sich abends um das Checkers kümmern. Allerdings muss sie dann die Leitung des Schreibpools abgeben. Wilma wird ihre Nachfolgerin.

Alle gratulieren Wilma, nur Katja nicht. Der Grund liegt in der Vergangenheit: Wilma schaut voller Neid auf die junge Kollegin aus reichem Haus. Katjas Vater hat sie einst ins Unglück gestürzt, das kann sie nicht vergessen. Als sie wieder einmal über «das Millionärstöchterchen» herzieht, verliert Katja die Beherrschung. Zum ersten und einzigen Mal spricht sie über ihre Situation: Das Haus, in dem sie lebt, wurde gepfändet. Das Erbe des Vaters hat sie nicht ausgeschlagen, weshalb sie Monat für Monat seine Schulden abtragen

Kein gewöhnlicher Hotelgast und eine ungewöhnliche Beziehung: Hofstädter und Elfie

muss. Und das bis zu ihrem Tod. In Wahrheit hat sie weniger Geld als Wilma. Und ihr Vater hat nach dem Konkurs vor Sorgen und Scham nicht mehr leben wollen und sich erschossen.

Was das Thema Kinder angeht, gesteht Ronaldo Sebastian, habe er eine innere Sperre. Marie als Hausfrau und Mutter – Ronaldo denkt mit Schrecken an die Zeit, als sie nach ihrer Kündigung zu Hause saß. Sebastian hält dies nur für vorgeschobene Gründe und drängt den Freund, sich zu entscheiden. Das Gespräch verfehlt nicht seine Wirkung, und Marie ist überglücklich.

«Der hat Stil und Klasse. Man ist ja nicht völlig gegen Luxus und Verwöhnung.» Elfie hat einen neuen Verehrer – es ist Maries alter, Alexander Hofstädter. Der Gentleman alter Schule – er hat ihr gar einen Handkuss gegeben – und die Tippmamsell mit der Kodderschnauze, wahrlich ein ungleiches Paar. Aber Hofstädter war nun schon zum zweiten Mal im Checkers, und im Anschluss machen sie einen Spaziergang durch das nächtliche Hamburg. Im Park setzen sie sich auf die Kinderschaukel, und Hofstädter nimmt ihre Hand: «Und dann verrate ich Ihnen noch etwas: Ich habe eine große Schwäche für singende Frauen.»

Folge 45: Voller Zweifel

Ilka holt Ronaldo mit dem Taxi zu Hause ab. Kurze Begrüßung und kurzer Abschied, «pass auf meinen Mann auf, Ilka», scherzt Marie, und weg sind die beiden. Es geht zum Flughafen: Dienstreise nach Stockholm.

Mütter können anstrengend sein. Vater Harsefeld hat eine Kur in Bad Bevensen angetreten, da dachte sich Frau Harsefeld: Quartiere ich mich eben bei Marie ein, die ist auch Strohwitwe. Und so steht sie unangemeldet vor der Tür. Marie ist aber nicht allein. Sebastian wollte sich gerade einen Squashschläger ausleihen, doch Mutter ist überzeugt, die beiden in einer verfänglichen Situation überrascht zu haben.

Die kleine Hamburger Delegation trifft es unvorbereitet. In Stockholm geht es um eine Grundsatzentscheidung: expandieren oder verkaufen? Auslastung, Umsatz, Erlöse: die Zahlen sind nicht schlecht, aber Bill Hansson ist ein alter Mann, müde von dem ständigen Kampf. Er spielt mit dem Gedanken, endlich einmal das Leben zu genießen.

Die Boyfriends, eine fröhliche Chauvi-Truppe, stellen den Mädels nach. Da wird geflirtet, was das Zeug hält, und ein Barkeeper hat ja geradezu die Verpflichtung, die Damenwelt zu trösten. Uwe, der Koch, hat sich in Katja verguckt, und dass Carsten mit ihr ins Kino geht, schmeckt ihm gar nicht. Plötzlich wird es ernst: Die beiden prügeln sich um Katja, und das ist kein Spaß mehr. Hotelarzt Sebastian muss sie verarzten.

Stockholm. Ronaldo und Ilka beschließen den anstrengenden Tag in einer Kneipe in der romantischen Altstadt. Sie sind aufgewühlt: Verkaufen wäre verrückt, aber Hansson wäre nicht der erste verrückte Unternehmer. Ilka denkt an ihre Erfahrungen: «Sehr starrsinnig, sehr hart, konsequent bis zur Brutalität», so hat sie den Alten schon erlebt. Dann gibt es noch einen letzten Aquavit. Ronaldo bietet Ilka das Du an.

Ilka kommt noch kurz mit auf Ronaldos Zimmer, um die Strategie für den nächsten Tag zu besprechen. Marie ruft an und ist mehr als erstaunt, als Ilka sich meldet, den Hörer weiterreicht und dabei Ronaldo duzt. Bei Marie läuten alle Alarmglocken.

Hansson ist immer für eine Überraschung gut. Er hat sich entschlossen, nicht zu verkaufen. Im Gegenteil: Er wird versuchen, das alte Hansson Hotel Hamburg zurückzukaufen, und deutet an, Ilka könnte dort Direktorin werden. In aufgeräumter Stimmung reisen Ronaldo und Ilka zurück. Marie steht in der Ankunftshalle, um Ronaldo vom Flughafen abzuholen. Sie sieht, wie die beiden sich innig und herzlich verabschieden, und ist geschockt.

Das ist doch sicher wieder privat: Wilma, nun Elfies Chefin, sieht das gar nicht gern

Folge 46: Traurige Wahrheit

Personalchef Begemann, wer hätte das von ihm erwartet, zeigt Herz: Ilka würde die beiden Prügelknaben Uwe und Carsten am liebsten feuern und diktiert eine Abmahnung. Begemann lässt das Papier verschwinden, ermahnt aber die Streithähne. Deren Freundschaft ist nicht mehr zu reparieren, denn Uwe ist ehrlich verliebt in Katja.

Elfie hat's nicht leicht: Rob ist in Berlin mit seinem neuen Lokal beschäftigt, und das Checkers läuft keineswegs von allein. Das leicht heruntergekommene Hardrock-Café will sie in einen schicken Club verwandeln. Von Rob erntet sie für all diese Schufterei nur Undank und Kritik, es kommt zu einem heftigen Krach. Auch die Halbtagsbeschäftigung im Hotel macht im Moment wenig Spaß: Im Schreibpool lässt Wilma die Chefin raushängen und führt ein strenges Regiment.

Marie und Ronaldo haben einen Termin bei Dr. Rilke. Schlechte Nachrichten: Er muss ihnen mitteilen, dass Marie keine Kinder bekommen kann. Sie ist unendlich traurig und verzweifelt; Ronaldo bemüht sich rührend, sie zu trösten, ohne Erfolg.

Ilka spürt, dass Marie in letzter Zeit ihr gegenüber kühl und misstrauisch ist. Sie schlägt ein Treffen vor, doch Marie blockt ab: keine Zeit. Stattdessen trifft sie sich mit Elfie. Doch Marie kommt nicht dazu, von ihren Problemen zu erzählen – Elfie schwärmt von Alexander Hofstädter, der ihr jede Woche Blumen schickt …

Heike hat sich fürs Wochenende angesagt, sie freut sich darauf. Das Verhältnis zu Marie hat sich eingerenkt, das Kriegsbeil ist begraben. Abends sitzt man gemütlich beisammen. Heike erzählt von ihrer neuen Liebe, einem Studenten. Ronaldo, typisch Vater, stellt gleich die Frage: Was will er denn werden? Heike lacht: Sie wollen ja nicht gleich heiraten. Obwohl … sie ein Kind von ihm bekommt. Marie verlässt schnell das Zimmer.

Folge 47: Böse Geister

Marie schneidet Ilka seit Wochen. Ilka will reinen Tisch und zwingt Marie, den Grund für ihr merkwürdiges Verhalten zu nennen. Und die platzt damit heraus: Sie ist eifersüchtig. Ilka habe sich an Ronaldo drangehängt, sich unentbehrlich in seinem Leben gemacht. Die verdutzte Ilka ist sprachlos. Marie, nun in Fahrt, verlässt mit einer Kampfansage das Zimmer: «Ich lasse mir meinen Mann nicht wegnehmen!»

Bölter heißt der Mann und ist ein rechter Kotzbrocken. Er hält sich für ungeheuer wichtig und raunzt die neue Praktikantin an. Aurelia kommt aus Vilnius, und Bölters ausländerfeindliche Sprüche verstören das

Mädchen. Als er verlangt, nur von deutschem Personal bedient zu werden, schreitet Marie ein: Sie setzt ihn kurzerhand vor die Tür, in 30 Minuten hat er das Hotel zu verlassen. Hausverbot, und zwar für alle Hansson Hotels weltweit. Aurelia bietet sie, in Absprache mit Begemann, einen Ausbildungsplatz an.

Sebastian, derzeit solo, ist verschossen in Marie, und sie genießt das. Ronaldo ist wie stets im Stress, muss Hansson Dossiers liefern und geschäftlich nach London. Mit Ilka, seiner Stellvertreterin. Sie verstehen sich, arbeiten sie doch eng zusammen. Marie achtet auf all die kleinen Zeichen und sieht ihren Verdacht bestätigt.

Das Checkers ist der Ort, wo man über diese Dinge sprechen kann. Elfie hat eine klare Position zum Thema Untreue. «Wenn ich wüsste, Rob würde … o Gott! Gnade ihm Gott. Und mir. Die könnten im Frauengefängnis schon mal eine Zelle freiräumen.» Marie ist überzeugt, dass ihr Ronaldo eine Affäre mit Ilka hat. Elfie hält das für eine fixe Idee, doch Marie steigert sich immer mehr in Eifersuchts- und Rachegefühle. «Ehe Ronaldo mir das antut, tue ich es ihm an», schwört sie.

Marie und Sebastian sitzen in Övelgönne am Elbufer, beim Lokal Strandperle. Sebastian kann charmant sein, er gefällt sich in der Rolle des Hausfreundes. Marie spricht davon, dass ihr Kinderwunsch

85   Serienguide

unerfüllt bleibt, dass sie fürchtet, deshalb von Ronaldo nicht mehr so wie früher geliebt zu werden. Unsinn, meint Sebastian, doch nun braust Marie erst recht auf: «Mit anderen Worten, ihm ist es eigentlich scheißegal, und das Einzige, was er noch empfindet mit mir, ist Mitleid?»

Marie sucht Trost, und Sebastian verweigert ihn nicht. Es ist spät geworden, man hat etwas zu viel getrunken. Sebastian bringt Marie nach Hause, wo niemand auf sie wartet – Ronaldo ist noch in London. Marie besteht darauf, dass Sebastian sie zu Bett bringt.

Folge 48: Kreuzweg des Lebens

«Irgendetwas bedrückt Sie.» Hofstädter, der von seiner Finca aus anruft, wollte eigentlich Elfie sprechen und ist bei Marie gelandet. Er spürt sofort, dass etwas nicht stimmt. «Das ist alles eine lange Geschichte», meint Marie. «Schade, dass Sie so weit weg sind.» Und dann verbindet sie mit Elfie.

Bei den Harsefelds in Hitzacker hängt der Haussegen schief. Eine Gertrud Schottwitz taucht auf und mietet sich im Hotel am Marktplatz ein. Sie hat es auf Erich abgesehen, dem dieser Besuch sichtlich peinlich ist: Gertrud war sein Kurschatten in Bad Bevensen, von ihr hatte er Elisabeth lieber nichts erzählt …

Elfie telefoniert mal wieder privat (ja, es ist Hofstädter aus Mallorca), muss aber das Gespräch abbrechen: «Hier steht vor mir eine Kollegin, die hat schon beide Pistolen gezogen. Ich kann jetzt wählen – Tod durch Erschießen oder Erschimpfen.» Wilmas autoritärer Führungsstil hat das lockere Leben vertrieben: Im Schreibpool gibt es nichts mehr zum Lachen. Sie will Elfie, die mit ihren zwei Jobs überfordert ist, am liebsten kündigen. Katja und Vera solidarisieren sich mit der Kollegin: Palastrevolution im Palace.

«Männer sind was Furchtbares.» Frau Harsefeld weiß, wovon sie spricht. Dass ihr Erich sie hintergeht und mit der Schlottwitz heimlich etwas anfängt … Die Telefonrechnungen waren in letzter Zeit schon verdächtig hoch. Erich gerät ins Schwitzen, plötzlich steht er zwischen zwei Frauen. Marie redet ihm ins Gewissen – wie könne er Mami das antun? Erich wird die Sache wieder gerade biegen.

Schmolli, der die arbeitslose Wilma ins Hotel vermittelt hatte, bemüht sich, die verhärteten Fronten aufzubrechen. Er lädt Wilma am Wochenende ein. Im Café gesteht sie ihm, warum sie die Abteilung derart drakonisch regiert: Sie hat Angst, dass ihr die Dinge entgleiten, so wie schon oft in ihrem Leben. Sie hatte viele Schicksalsschläge einzustecken, ihr ungeratener Sohn sitzt im Gefängnis. Schmollis Verständnis hilft ihr, sich zu entkrampfen

Ungeklärtes Verhältnis: Marie und Sebastian

– gleich am Montag will sie das Gespräch mit den Schreibpool-Damen suchen.

Anderen helfen kann Marie, nur nicht sich selbst. Die Ehe der Harsefelds ist gekittet, ihre eigene nicht. Marie leidet unter Schuldgefühlen: Da hält sie Vater Harsefeld eine Standpauke über eheliche Treue, aber die Nacht mit Sebastian … Marie weiß nicht, was und ob überhaupt etwas passiert ist. Zugleich kann sie ihre Eifersucht kaum im Zaum halten. So beschließt sie, Hofstädters Angebot anzunehmen und ihn auf Mallorca zu besuchen. Dort angekommen, erlebt sie eine Überraschung: Elfie, die eine Woche frei hat, verbringt bei Hofstädter ihren Urlaub.

Folge 49: Überraschungen

Ein Fall für den Hotelarzt: Ilka hat einen Hexenschuss. Halb vorbeigeschossen, nicht so schlimm. Aber Sebastian kümmert sich, fast schon übertrieben, um die Patientin.

Mallorca, auf Hofstädters Finca. Elfie hat die Zeit genossen, doch jetzt ist die Urlaubswoche rum. Marie bleibt, sie ist noch nicht mit sich im Reinen. Sie hat Abstand gewonnen – ihre Eifersucht erkennt sie jetzt als bloßes Hirngespinst. Was ihre Ehe betrifft, steht sie vor einem Scherbenhaufen: Marie denkt an Scheidung. Abends hat sie lange Gespräche mit Hofstädter. Er sagt ihr einige unangenehme Wahrheiten, die sie erst verdauen muss.

In Hamburg redet Sebastian Ronaldo ins Gewissen: Nicht bis zur Erschöpfung im Laufrad des Geschäfts sich abrackern, sondern sich Zeit für sein Leben nehmen! Er berichtet ihm auch von dem Abend mit Marie: Nichts ist passiert. Aber es könne sein, dass sie etwas anderes glaube, deshalb nach Mallorca geflüchtet sei.

Erster Arbeitstag nach dem Urlaub: Elfie wird herzlich begrüßt von den Kolleginnen. Auch von Wilma. Elfie ist irritiert, traut dem Frieden nicht: War im Schreibpool nicht Krieg, als sie abreiste?

Krieg kann sie haben: Rob rückt überraschend aus Berlin an und findet alles, was Elfie im Checkers anstellt, Scheiße. Ein Wort gibt das andere, am Ende zieht Elfie einen Schlussstrich: «Such dir 'ne andere Doofe.» Rob ist eine Sekunde perplex, dann fordert er den Schlüssel zurück: «Du warst sowieso nur eine Zwischenlösung.» Am nächsten Morgen steht Elfie bei Ilka im Büro: Sie möchte wieder voll und ganz im Hansson Palace arbeiten.

Ronaldo und Hofstädter telefonieren, Marie liegt bereits im Bett. Anderntags schlendert Marie im Hafen über den Quai. Hofstädters Yacht läuft ein, am Steuer José, daneben, groß und schön: Ronaldo! Er springt von Bord, sie gehen aufeinander

Gut, wenn man den Arzt im Hotel hat: Sebastian kümmert sich um Ilka

GIRL*friends*   **88**

zu und fallen sich in die Arme. Es ist wie Kino.

Liebesglück, Liebesfrust. Veras Wochenendbeziehung ist in die Brüche gegangen: Stefan, der Industriellensohn, hat sich in Düsseldorf in eine andere verliebt. Natürlich aus besseren Kreisen.

Abends, nach neun Uhr. Es klingelt. Ilka, im Jogginganzug, erwartet niemanden mehr. Es ist Sebastian: «Ich überfalle Sie doch nicht?» Ilka macht kein Hehl daraus, dass sie von dem Besuch nicht besonders erbaut ist. Nein, mitgehen in die Kneipe will sie nicht.

ILKA: *Also, ehrlich gesagt: Es ist zehn nach neun, ich habe morgen sehr früh eine wichtige Sitzung …*

SEBASTIAN: *Ich wollte nur eines loswerden …*

ILKA: *Werden Sie. Aber bitte sofort. Ich biete Ihnen gar nicht erst einen Platz an, weil …*

SEBASTIAN: *Ich liebe Sie.*

Folge 50: Tschüs, Frau Stade

Der Big Boss ist wieder im Haus. Hansson hat sein altes Hotel zurückgekauft – zu teuer, findet Ronaldo, denn nun ist das Geld knapp und dem Palace der Werbeetat gestrichen worden. Ilka lehnt es ab, die Direktion des alten Hansson Hotels zu übernehmen: Sie will nicht mit Ronaldo

und dem Palace konkurrieren. Dass seinen Plänen widersprochen wird, hört Hansson nicht gern: Türenknallend erklärt er die Sitzung für beendet.

Hansson hat noch andere, private Pläne: Er will Gudrun Stade heiraten, anschließend nach Stockholm ziehen. Die Stade macht sich Sorgen: Kann sie Pützelchen, ihre an den Rollstuhl gefesselte Mutter, allein lassen? Gewiss, es gibt Pflegedienste, aber die Vorstellung, dass eine abgehetzte Krankenschwester mit ihrer Mutter wie mit einem Kleinkind redet und sie durch die Gegend schiebt – schrecklich. Trotzdem: «Es ist dein Leben, Gudrun», meint Marie. «Bei aller Liebe.»

Ilka erklärt Sebastian, der sich um sie bemüht, dass in ihrem Leben kein Platz ist für eine neue Liebe. «Ich will kein Eiapopeia, ich will keinen Beziehungsstress, keine Ansprüche, keine Enttäuschungen, keine vorbeirauschenden Freuden, keinen Liebeskummer, keine Missverständnisse, Lügen, Versprechungen, Hoffnungen. Ich will einfach für mich sein. In Ruhe gelassen werden.» Da kann er nichts dagegensetzen, er gibt auf.

Der Big Boss rauscht wieder ab, nicht ohne vorher Ilka noch einmal gedroht zu haben: Einem Hansson schlägt man nicht ungestraft ein Angebot ab. Beim Abschied wird die Stade, ganz gegen ihre sonstige Art, sentimental.

Spätes Glück: Bill Hansson heiratet Gudrun Stade

Es sollte ein Versöhnungsabend werden. Marie hat sich bei Ilka entschuldigt, doch dann geraten sie schnell wieder in einen Streit. Ilka wäscht Marie den Kopf. Am Ende sind sie sich zumindest in einem Punkt einig. Marie gesteht, dass sie «ein bisschen» in Sebastian verknallt war, worauf Ilka meint: «Ich auch. Sehr sogar.» Marie ist baff.

«Jetzt heiratet Frau Stade.» Schmolli steht vor dem Palace und schaut auf die Uhr. Ronaldo und Marie sind zur Trauung nach Stockholm gefahren. Ilka, in Hamburg geblieben, ist wie ausgewechselt: Nun ist sie es, die die Initiative ergreift, als sie gemeinsam mit Sebastian im Lift steht. In Stockholm küsst Bill Hansson Gudrun: Sie kommen aus der Kirche. Es war eine schöne Zeremonie. Schon was anderes als eine standesamtliche Trauung, meint Ronaldo und blickt seine Marie an: Man könnte ja mal überlegen … Marie strahlt.

Folge 51: Großvaterfreuden

Ilka ist noch nicht an ihrem Schreibtisch, Ronaldo wundert sich. Dann kommt der Anruf: Sie nimmt sich einen Tag frei – «bei mir ist so viel privater Kram liegen geblieben …». Der private Kram, der in Ilkas Bett liegen geblieben ist, heißt Sebastian. Die beiden sind endlich ein Paar.

Eine Personalentscheidung, die alle rundum glücklich macht. In das – nach Frau Stades Hochzeit verwaiste – Direktionsbüro ziehen Elfie und Vera ein. Katja wird Wilmas Stellvertreterin im Schreibpool, für den zwei neue Kräfte eingestellt werden.

Katjas Wagen streikt. Wilma bietet ihr an, sie nach Hause zu bringen. Sie stehen vor der Villa, die Katja mitsamt den Schulden von ihrem Vater geerbt hat, da gibt sich Wilma einen Ruck. «Ich denke, Sie sollten es wissen. Sie ahnen gar nicht, wie viel schlaflose Nächte mir das bereitet hat.» Nun ist es raus: Katjas Vater und seine Sekretärin Wilma Wulf hatten ein Verhältnis. Und der missratene Sohn, der im Gefängnis sitzt – «Sie haben sozusagen einen Halbbruder, Katja.»

Heike, hochschwanger, kommt zu Besuch. Bei einem Spaziergang am Elbdeich reagiert sie auf Ronaldos Fragen nach dem Vater gereizt und aggressiv. Am Abend rückt sie mit der Sprache raus: Der Freund hat sie sitzen gelassen, sie fühlt sich von der Schwangerschaft überfordert, zudem hat sie einen Lehrauftrag an der Universität Auckland – eine Chance, die sie nie wieder bekommt, aber ausgerechnet jetzt bekommt sie ein Kind. Heike ist verzweifelt.

Ilka und Sebastian sind glücklich. Inzwischen wissen auch Marie und Ronaldo davon und haben sie zum Essen eingeladen. Der Tisch ist für fünf Personen gedeckt, doch Heike kommt nicht runter: Ihr geht es schon den ganzen Tag schlecht. Plötzlich setzen starke Wehen ein. Zu spät für die Klinik. Mit Hilfe von Sebastian, dem Marie assistiert, bringt Heike ihr Kind im Haus der Schäfers zur Welt. Es ist ein Mädchen, es wird Vivien Ursula Marie heißen. Ronaldo ist jetzt Großpapa. Marie gibt es einen Stich ins Herz. «Hast du gesehen, wie glücklich er aussah, als er das Kind hochhielt?» Ilka tröstet ihre Freundin: «Ich weiß, wie dir zumute ist …»

Folge 52: Doppelhochzeit

Eine Bilderbuch-Kirche, ein junger Pastor, freundlich und fröhlich. «Wir sind, ich sag mal: überbucht», er weiß um die Attraktivität seiner Kirche. «Viele U-Boot-Christen … tauchen unter … und ab und zu mal wieder auf.» Gut, dass die Schäfers rechtzeitig einen Termin gemacht haben. Er lacht, wendet sich an Marie: «Passen Sie auf ihn auf. Sensible Männer neigen dazu, kurz vor der Trauung krank zu werden. Hochzeitsangina zum Beispiel.»

Großeinkauf: Marie und Ronaldo, stolz auf ihr Enkelkind, haben für die Kleine Strampelanzüge, Windelberge und einen Kinderwagen gekauft. Heike will nicht undankbar erscheinen, aber ihr ist das gar nicht recht. Außerdem: «Dieses Muttertier-Geglucke von Marie nervt», steckt sie ihrem Vater.

Rumpelmayer läuft kurz vor der Pensionierung noch einmal zur Hochform auf und macht seinem Namen alle Ehre. Alle sind froh, wenn der Küchenchef endlich weg ist. Zum Schluss leistet er sich noch einen dicken Hund: Er will als seinen Nachfolger seinen Schwiegersohn durchdrücken. Doch der Posten ist seit langem Uwe versprochen, und Ronaldo hält daran fest. Es kommt zum Eklat, und Rumpelmayer verlässt auf der Stelle, mitten im Mittagsstress, wutentbrannt seinen Arbeitsplatz.

Es gibt andere Dinge, die kann Ronaldo nicht regeln, da ist er weisungsgebunden. Er zeigt Ilka einen Brief von Hansson. Einleitend wird weit ausgeholt – gesamtwirtschaftliche Lage usw. –, um am Ende verklausuliert die Abschaffung der Funktion des Direktions-Stellvertreters zu verkünden. Dies gelte insbesondere für London, Basel und Hamburg. Auf Deutsch: Ilka soll, so will es die Stockholmer Zentrale, entlassen werden. Sie weiß: Das ist Bill Hanssons Rache. Da sie wirtschaftlich unabhängig ist, kommt sie ihm zuvor und kündigt lieber selber.

«Ich sage ja nicht, dass deine Tochter eine Rabenmutter ist», meint Marie zu ihrem Mann. Aber ein richtiges Verhältnis zu ihrem Kind habe Heike nicht. Diese hat mit ihrem Professor telefoniert: Der Lehrauftrag in Auckland reizt sie sehr, doch sie muss ihre Doktorarbeit schreiben, Feldforschung betreiben und das Land bereisen – die Maoris besuchen, mit einem Baby auf dem Rücken? Ronaldo hat eine Idee: Wenn nun Heike nach Neuseeland ginge und die Großeltern Vivien großziehen, bis sie zurückkehrt? Heike und Marie, beide stimmen dieser Lösung zu.

Rumpelmayer kommt noch einmal, um seinen Spind zu räumen. Traurig packt er seine Sachen: Niemand ist da, um ihm tschüs zu sagen. Er hat es sich selbst zuzuschreiben, schließlich hat er alles getan,

GIRLfriends 92

um sich unbeliebt zu machen. Leo, der zufällig die Szene mitbekommt, hat Mitleid. Rumpelmayer bekommt spontan ein Abschiedsessen – der Kochkurs, den Uwe für die Girlfriends eingerichtet hat, hat es bereitet – und ist sichtlich gerührt.

Endlich ist der große Tag gekommen: Marie und Ronaldo heiraten nun auch kirchlich. Frau Harsefeld ist zufrieden: «Nun hat alles seine Ordnung.» Sebastian macht Ilka einen Heiratsantrag, und während Marie und Ronaldo am Altar die Eheringe tauschen, steckt er ihr einen provisorischen Verlobungsring aus Kaugummipapier an. Nach der Trauung geht es aus der Kirche. Alle sind gekommen, die ganze Hansson-Mannschaft, die Harsefelds, aus Stockholm Frau Hansson (aber ohne Bill), aus Mallorca Alexander Hofstädter. Elfie singt ein wunderschönes Lied, und dann gruppiert man sich zum Foto. Marie flüstert ihrer Freundin zu: «Daran werden wir uns später einmal erinnern, Ilka.»

Wiedersehen in Palma

Spin-off (90 Minuten)

«Mallorca, wir kommen!» Frühmorgens, im nebligen Hitzacker: Die Harsefelds brechen auf, holen Günter und Hannelore, Hein und Gundi ab und fahren zum Flughafen Fuhlsbüttel. Dort wartet bereits Marie, sie übernimmt für vierzehn Tage Biene. Und dann: Abflug.

Die Reisegruppe bietet, Erich Harsefeld bemerkt dies sarkastisch, Garantie für gute Erholung: Hannelore plappert unentwegt und klagt über ein Kratzen im Hals, Günter raucht stinkende Zigarren, Hein ist ein muffeliger Spießer, und Gundi macht auf Sexbombe: Knallenges Top mit Dekolleté für elf Personen, Goldschmuck nach Kilo, Versace-Sonnenbrille. Das kann ja heiter werden.

Auf Mallorca lacht die Sonne. Das Hotel auf der Halbinsel Punta Negra entspricht dem Prospekt: direkt oberhalb des Meeres, in Strandnähe, 4-Sterne-Komfort, zuvorkommendes Personal, freundliche Bedienung. Der gutaussehende Miguel flirtet, von ihr ermuntert, sofort mit Gundi, während der Oberkellner beim Anblick von Elisabeth Harsefeld flüchtet: Martin Malek hat es als Oberkellner nach Mallorca verschlagen. Seiner Ex-Frau, die er einst mit der kleinen Marie sitzen gelassen hat, will er lieber nicht begegnen.

Deutsche im Urlaub: Die Männer kloppen Karten, Gundi macht die Männer verrückt, Hannelore und Elisabeth gehen zum Shopping nach Palma. Am Postkartenstand auf der Touristenmeile passiert es. Frau Harsefeld steht plötzlich Martin Malek gegenüber, eine Begegnung der dritten Art. Beiden verschlägt es die Sprache. Als Hannelore kommt, verschwindet er rasch.

Am nächsten Morgen. Oberkellner Martin bedient am Tisch unserer Reisegruppe. Erich Harsefeld weiß offenkundig nichts – seine Frau hat ihm verschwiegen, wer der Mann ist. Heimlich verabredet sich Martin Malek mit ihr, und sie lässt sich darauf ein. Der Mann hat ihr viel Leid zugefügt, und doch: das ist lange her, mehr als dreißig Jahre. Nach all der Zeit ist ihr Zorn verraucht, und Martin gibt den reuigen Sünder. Der alte Charmeur versteht es, ihr Herz zu rühren, wenn er von ihrer kleinen Marie spricht und Elisabeth wie in alten Zeiten Sissi nennt.

Martin steht unter Druck, er versetzt seine Rolex, hat überall Schulden. Frau Harsefeld merkt nichts, Liebe macht blind. Aber das Geheimnis kann sie nicht für sich behalten, sie offenbart sich Hannelore, die von aufgewärmten Sachen gar nichts hält.

Während Frau Harsefeld sich von Martin die Insel zeigen lässt und es genießt, von dem Filou mit den grauen Schläfen umschwärmt zu werden, ärgert sich Hannelore über die Männerwelt. Die Atmosphäre ist erotisch aufgeladen, denn die laszive Gundi reizt Miguel und hatte einst eine Affäre mit Günter, doch von der geheimen Liason Elisabeth Harsefelds, Ehefrau und Mutter, weiß nur Hannelore. Gerade will sie mit der Sensation herausplatzen, da versagt es ihr die Stimme – sie bringt keinen Ton heraus, Frau Harsefeld ist zunächst gerettet.

Doch das Unglück nimmt seinen Lauf. Martin hat seine Ex-Frau angepumpt – er brauche dringend 10 000 Mark, nur für ein paar Tage, um eine Finca zu erwerben, eine neue Existenz aufzubauen – und sie ist auf den Schuft wieder einmal hereingefallen, hat das Geld von der Bank besorgt. Kurz darauf verspielt er alles im Casino.

Auch die Männer waren in Palma shoppen und kehren bestens gelaunt zurück. Die Karte von Vater Harsefeld hat der Geldautomat eingezogen, wohl ein Defekt, will er gleich morgen klären. Hannelore ist wieder bei Stimme und hat gleich alles bei Gundi ausgeplaudert. Elisabeth zieht die Notbremse: Sie beichtet alles ihrem Mann, der seine gute Laune schlagartig verliert.

Das Geld ist weg, Martin Malek hat sich abgesetzt. Seine Betrügereien – er hat sich auch im Hotel Geld «geliehen» – sind aufgeflogen, er wird von der Polizei gesucht. Er kommt nicht weit, auf dem Flughafen wird er verhaftet. Frau Harsefeld bleibt nur ein Brief:

Liebe Sissi,

wenn du das hier liest, bin ich längst über alle Berge. Mal wieder.

Ich schäme mich. Ich hätte dir so gerne das Geld zurückgezahlt, dein Geld und eine Menge mehr.

Aber ich bin und bleibe nun einmal ein Spieler. Unverbesserlich.

Einer, der Frauen wie dich betrügt, auch deshalb, weil der Betrug ein Spiel ist.

Und weil es bei Frauen wie dir so leicht ist, sie zu betrügen.

Es war ein unvergessliches Erlebnis, dich wiederzusehen.

Lass dich von deinem Erich trösten.

Von ihm und unserer Tochter.

Ich hingegen bin untröstlich.

Martin.

Hotel Elfie

Spin-off: Serie (Pilot und 12 Folgen)

Elfie hat Rob den Laufpass gegeben, im Hotel gekündigt und ist Hofstädter nach Mallorca gefolgt. Ein Traum geht in Erfüllung: Das Paar verlebt eine tolle Zeit, sie verstehen sich prächtig und haben keine Sorgen. Doch Elfie fehlt etwas. Der Hoteltrubel. Die alten Freunde, Bekannten, Kollegen. Auf Mallorca scheint die Sonne, Hamburg ist für sein Schmuddelwetter berühmt, und doch: Elfie hat Heimweh.

Zunächst ist es nur eine fixe Idee: ein eigenes kleines Hotel in Hamburg. Aber Elfie wäre nicht Elfie, wenn sie nicht bald auch Hofstädter überredet hätte, die Finca aufzugeben und nach Deutschland zurückzukehren. Was sollen sie im Rentner-Paradies? Ein geeignetes Haus findet sich: Die Pension Schnabel, zehn Zimmer, in der Seitenstraße eines belebten Viertels, steht zum Verkauf. Die Besitzer, das Ehepaar Schnabel, geben nach 44 Jahren aus Alters- und Gesundheitsgründen auf. Die Verträge sind eben gemacht und unterschrieben, da bekommt Hofstädter einen Herzinfarkt und stirbt. Hier setzt die Serie ein.

«Toll. Wirklich toll. Mich alleine zu lassen, einfach so, aus heiterem Himmel. Mit dieser ganzen Scheiße.» Elfie hält Zwiesprache mit einem Toten: Auf dem Friedhof, vor dem Grab Hofstädters, wird ihr so recht ihre Lage bewusst. Nun steht sie da: mit einem eigenen Hotel, einem Sack voller Schulden, einem unklaren Testament …

In Hamburg warten die Schnabels: Schlüsselübergabe. Elfie erscheint, zu spät, und eröffnet ihnen: Sie kann die Pension nicht übernehmen. Sie kann's allein nicht schaffen, finanziell wie kräftemäßig. Doch Vertrag ist Vertrag, darauf pocht Frau Schnabel, die mit dem Anwalt droht. (Herr Schnabel dagegen sieht in Elfies Absage eine Chance, er mag sich von der Pension nicht trennen.) Am nächsten Morgen jedoch, nach ausführlicher Beratung mit Freunden und ehemaligen Hansson-Kollegen im Checkers, hat sich Elfie anders entschieden: Sie wird es versuchen.

Die Anfangsschwierigkeiten sind groß. Hofstädters Vermögen und damit die Basis für Elfies Finanzierungsplan wird vom Gericht gesperrt, weil ein unehelicher Sohn das Testament angefochten hat. Von

Buchhaltung hat die Hotelchefin keine Ahnung, auch in anderen Dingen braucht sie dringend Unterstützung. Jeden Tag gibt es neue Probleme. Bald geht alles drunter und drüber, doch Elfie findet Freunde, die ihr mit Rat und Tat zur Seite stehen. Darunter sind einige alte Bekannte: Julietta, die sie vom Hansson Palace abgeworben hat, aber auch Vera und Schmolli.

Das Hotel Elfie ist kein Luxushotel, sondern eine kleine Frühstückspension. Elfie führt ein offenes Haus, sie hat ein Herz für ihre Gäste, ist die Mutter der Kompanie, die Ulknudel und Ratgeberin. Ihre Angestellten, die sie kaum bezahlen kann, hat sie wie Fatima im Friseursalon aufgegabelt und sind wie Cora Blitz eigentlich verhinderte Künstler. Alle eine große Familie. So bunt wie die Nachbarschaft im Viertel sind auch die Gäste: Touristen und Geschäftsleute, Rockbands, Liebespaare, Selbstmordkandidaten, Hochstapler, Provinzler und Weltreisende. Schließlich kehrt sogar Rita Schnabel, die alte Besitzerin, wieder zurück ins Hotel – als Dauergast.

Hotelbesitzerin Elfie

Folge 53/54: Ich kämpfe um mein Kind

Fünf Jahre später. Noch immer ist Ronaldo Hoteldirektor, fungiert Marie als Guest Relation Managerin, noch immer steht Schmolli vor der (Dreh-)Tür und Doris hinter der Rezeption. Nichts hat sich geändert: Uwe ist weiterhin der Küchenchef, Begemann der Personalchef und Vera Klingenberg die Sekretärin von Ronaldo. Aber ihr Arbeitsplatz ist nicht mehr derselbe: Das Grand Hansson, brandneu, hypermodern und superschick, ist das neue Flaggschiff der Hotelkette.

Auch im Team hat sich einiges geändert. Der Schreibpool – mit der dicken, lebenslustigen Katrin und der ausgehwütigen Sandy ebenso munter wie uneffektiv besetzt – und das Direktionssekretariat sind zum Business-Center zusammengefasst worden, das auch den Hotelgästen zur Verfügung steht. Leiterin ist Alexa Hofer, von ihren Mitarbeitern gefürchtet und gehasst. Im Service tobt ein Knabe namens Sascha Schmitz (mit t-z, wie «Tür zu»); Schmollis rechte Hand, der Page Luc Atalay, ist mehr hinter den Mädels als den Koffern her, und die resolute Hausdame Roxi Papenhagen hat ihre Abteilung auch nicht durchgängig im Griff.

Sandy, Katrin und Vera

Gudrun Hansson, geb. Stade, reist aus Schweden an. Sie ist seit kurzem Witwe und Erbin des Konzernchefs. Eigentlich will sie nur das neue Hotel anschauen, bleibt dann aber für länger, schließlich für immer. Mit ihrer Referentin Iris Sandberg bezieht sie die Präsidentensuite und lenkt von dort aus die Geschicke des Konzerns. Leider kümmert sie sich, sehr zum Leidwesen des Direktors, auch um den Alltag des Hotels – ihre ständigen Ein- und sogar Übergriffe machen ihm das Leben schwer.

Er wäre schon längst verzweifelt, würde nicht die attraktive Iris Sandberg mit diplomatischem Geschick immer wieder die Wogen glätten. Sie ist eine Powerfrau, ein Typ wie Ilka: selbstbewusst und durchsetzungsfähig. Dunkelhaarig, schlank, klug und erotisch, eine Frau mit Ausstrahlung.

Ronaldo mag Iris, Marie dagegen empfindet sie als arrogant. Sie ändert ihre Meinung, als sie erfährt, dass hinter der weltgewandten und teuer gekleideten Lady eine verletzte, gebrochene Frau steckt. Iris fechtet gerade einen Scheidungskampf durch, einen Rosenkrieg, bei dem es auch um ihre finanzielle Absicherung geht. Ohne den Job, den Gudrun Hansson ihr als Retterin in der Not gegeben hat, wäre sie am Ende. Diese profitiert ihrerseits auch von Iris: In der schwierigen Situation als Erbin, die plötzlich einen Konzern leiten soll, braucht sie jemanden, dem sie uneingeschränkt vertrauen kann.

Konzernchefin: Gudrun Hansson-Stade

Marie will Vivien nicht hergeben

Ronaldo und Marie sind ein glückliches Ehepaar. Die kleine Vivien – Heikes Tochter, die seit fünf Jahren von ihnen großgezogen wird – ist ein wahrer Sonnenschein; sie tröstet Marie darüber hinweg, dass sie keine eigenen Kinder bekommen kann.

Besuch hat sich angekündigt, auf den sich Marie seit langem freut: Ilka, die seit Jahren in Santiago de Chile lebt, hat sich von ihrem Freund Sebastian Beck getrennt und will nach Hamburg kommen, um sich, ganz wie in alten Zeiten, bei ihrer Freundin auszuheulen.

Doch Ilka kommt nicht. Stattdessen taucht Heike auf. Die studierte Ethnologin hat genug von Neuseeland, will wieder in Deutschland sesshaft werden. Der Liebe und eines vermeintlichen Jobs wegen zieht sie nach Berlin. Und fordert ihr Kind zurück: Jetzt kann sie sich wieder um Vivien kümmern.

Die Ersatzeltern haben ihre Schuldigkeit getan. Vor allem Marie ist nach dem ersten Schock verzweifelt und wütend: Sie will das Kind nicht hergeben, kämpft um Vivien wie eine echte Mutter. Das Recht steht nicht auf ihrer Seite, das macht ihr ein Anwalt klar. Doch sie will nicht zur Vernunft kommen – und entführt Vivien.

Heike schaltet die Polizei ein, die gleich eine Fahndung auslöst. Ronaldo ahnt, dass seine Frau nicht weit weg sein kann: Er findet sie in Hitzacker bei den Harsefelds. Marie muss einsehen, dass sie einen Fehler begangen hat, und bringt Vivien zu ihrer leiblichen Mutter zurück.

Ilka sagt ab, die Begründung trifft Marie wie ein Schlag: Sie will die alte Freundschaft vergessen, weil sie ein neues Leben beginnen möchte. Dabei hätte sie jetzt dringend Ilka gebraucht, um sich ihrerseits ausheulen zu können.

Der Abschied von Vivien fällt Marie sehr schwer. In der rührenden Schlussszene kommt das Mädchen an ihr Bett und hält ihr eine Muschel ans Ohr: damit Marie das Meer hören kann, das trostspendende Rauschen ferner Wellen.

Folge 55: Frischer Wind

«Die Symptome sind eindeutig.» Für Dr. Rilke gibt es nur einen Schluss: «Sie haben eine fette Depression.» Marie leidet sehr unter der Trennung von Vivien; auch kann sie nicht begreifen, warum Ilka ihr die Freundschaft aufgekündigt hat.

Im Konferenzraum des Grand Hansson. Die Angestellten sind vollständig versammelt. Marie flüstert Ronaldo noch zu: «Was Besonderes?», doch der muss gestehen: «Ich habe so was von keine Ahnung.» Die Tür geht auf, alle verstummen: Gud-

run Hansson und, in ihrem Schlepptau, Christian Dolbien haben ihren Auftritt.

Die Konzernchefin nimmt kein Blatt vor den Mund: Sie habe sich in den letzten Tagen ein Bild davon gemacht, wie es um das Hotel bestellt sei, und den Eindruck gewonnen, dass Herr Schäfer alleine es nicht schaffen könne. Und deshalb habe sie vor einer halben Stunde einen Stellvertreter für Ronaldo eingestellt: Herrn Dolbien, den neuen Wirtschaftsdirektor im Grand Hansson. Ronaldo trifft fast der Schlag.

Dass Gudrun Hansson ihm ohne jede Absprache oder Andeutung einen Stellvertreter vor die Nase gesetzt hat, erbost Ronaldo. Seine Beschwerde wird kühl beiseite geschoben. «Ich kann damit leben, mich als Konzernchefin unbeliebt zu machen», lautet Gudruns Kommentar.

Für Dolbien dagegen bedeutet dies einen schweren Einstieg. Ronaldo lehnt ihn ab. Bei den Girlfriends macht er sich unbeliebt, als ihnen ein angestammtes Privileg gekappt wird: die Benutzung des Fitnesscenters. Dahinter steckt in Wahrheit jedoch die Konzernchefin, während Dolbien sich für die Angestellten einsetzt. Am Ende bleibt alles beim Alten, und Dolbien hat deutlich Pluspunkte gesammelt.

Marie hält sich aus dem Alltagsgeschäft im Hotel ziemlich heraus. Bleischwer legt sich die Traurigkeit auf ihr Leben, selbst die von Dr. Rilke verschriebenen Antidepressiva helfen wenig. Unter dem Einfluss von Tabletten baut sie mit dem Auto einen Unfall. In ihrer Verzweiflung ruft sie Ronaldo auf dem Handy an, doch der hatte es beim Mittagessen mit Iris vergessen. Iris geht ran. Sie begreift sofort, fährt zur Unfallstelle und bringt Marie nach Hause, versorgt sie und leistet Beistand.

Marie erfährt dabei von den Problemen, in denen Iris steckt: der Scheidungskampf, die finanziellen Schwierigkeiten – nicht einmal eine eigene Wohnung kann sie sich leisten. Spontan bietet Marie ihr an, vorübergehend bei ihnen im Gästezimmer einzuziehen. Iris lehnt dankend ab – zunächst.

Folge 56: Vaterliebe

Iris hat es sich überlegt: Sie zieht bei den Schäfers ein. Zwischen Marie, die nach wie vor Ilka vermisst, und Iris, die unter der unberechenbaren Gudrun Hansson leidet, entsteht eine wunderbare Freundschaft. Alles wäre bestens, und doch – Marie ist in diesem Punkt hellhörig – die offenkundige Sympathie oder gar mehr zwischen Ronaldo und Iris ... Für Maries Geschmack verstehen sich die neue Mitbewohnerin und ihr Ehemann etwas zu gut.

Marie ist wieder voll in die Arbeit eingestiegen, sie braucht keine Tabletten mehr. Im Hotel taucht eines Tages ein älterer Mann auf, der nach Marie fragt. Es ist Martin

Im neuen Stammlokal Felix: Die Girlfriends besaufen sich

Malek, ihr Vater, von dem sie seit dreißig Jahren nichts mehr gehört hat. «Ich habe ja, so weit ich zurückdenken kann, immer einen Stiefvater gehabt – Erich Harsefeld», erklärt sie Iris. Ihr wirklicher Vater: nicht vorhanden, eine Null. Doch nun steht er überraschend vor ihr.

Nach dem ersten Impuls der Abwehr wird Marie schnell von ihren Gefühlen übermannt. Blut ist eben doch dicker als Wasser, konstatiert ihr Vater und wickelt sie nach allen Regeln der Kunst ein. Dies ist ihm schon vor Jahren bei Maries Mutter gelungen, was er wohlweislich verschweigt. Allerdings gibt er auf Maries Frage, woher er denn ihre Adresse habe, zu, Kontakt zu Elisabeth Harsefeld zu haben. Sie hat ihrer Tochter davon nie auch nur ein Sterbenswörtchen erzählt.

Sie hätte es tun sollen, dann wäre Marie gewarnt gewesen. Martin Malek ist ein Spieler, hoch verschuldet, in extremen Geldnöten. Er sei alt, krank und einsam – der Mann versteht es, auf die Tränendrüse zu drücken, und Marie ist ein williges Opfer, die aus lauter Mitleid auf alles hereinfällt. Sie lädt ihn zu sich nach Hause ein und leiht ihm mehr als zehntausend Euro. Sehr zum Ärger von Ronaldo, dem der Mann äußerst unsympathisch ist.

Ein paar Tage später wird Marie von einer jungen Frau aufgesucht, die sie kurz und knapp darüber aufklärt, dass Martin Ma-

lek ein Betrüger ist und gestern verhaftet wurde. Er sei auch nicht todkrank, sondern kerngesund. Marie ist vollkommen irritiert: «Aber ... woher wissen Sie?» – «Ich kenne alle seine Tricks. Ich bin Barbara Malek – Ihre Schwester.»

Folge 57: Ein schwerer Schlag

Ronaldo hat sich als der bessere Menschenkenner erwiesen. Marie lässt sich aber nicht unterkriegen, sie will jetzt die ganze Wahrheit wissen und besucht ihren Vater im Gefängnis. Er bittet sie um Verständnis, doch Marie rechnet mit ihm ab. Die eigene Tochter skrupellos betrügen, das kann sie nicht verzeihen. «Und deine Mutter?», entgegnet Martin Malek. «War sie denn offen und ehrlich zu dir? Hat sie dir jemals erzählt, was auf Mallorca passiert ist?» Marie hat keine Lust, die Diskussion fortzusetzen und erhebt sich. «Ich gehe jetzt. Ich komme nicht mehr wieder.» Ihr Vater hat noch eine letzte Bitte: «Kümmere dich um Barbara.»

Zunächst einmal fährt Marie wütend nach Hitzacker. (Die Harsefelds haben inzwischen ihr Geschäft aufgegeben und betreiben nur noch einen Marktstand.) Marie, noch aufgewühlt, stellt ihre Mutter zur Rede: Warum man ihr die Geschichte mit Martin Malek verschwiegen habe? Das sei ja wohl das Letzte: «Ich würde mich schämen an deiner Stelle, Mama!»

103   Serienguide

Das ist zu viel für Elisabeth Harsefeld. Ihr fällt der Teller – sie war gerade beim Abwasch – aus der Hand, sie schnappt nach Luft und sackt zusammen. Schlaganfall. Marie alarmiert den Notarzt, der Krankenwagen kommt sofort.

Krankenhaus. Mutter Harsefeld liegt auf der Intensivstation, es geht um Leben und Tod. Auf dem Flur kommt es zu einem heftigen Zusammenstoß: Erich Harsefeld gibt Marie die Schuld an dem Schlaganfall: «Das verzeihe ich dir nicht.» Er schickt sie weg.

Marie ist verzweifelt: Sie hat Angst um ihre Mutter, und Schuldgefühle plagen sie. Zum Glück lenkt Barbara, ihre neu entdeckte Halbschwester, sie ein wenig ab. Wie Marie leidet sie unter der Geschichte mit ihrem Vater, den sie ebenfalls im Gefängnis besucht hat. Auch sie hat ihm die Meinung gesagt, auch sie hat von ihm zum Schluss gehört: «Kümmere dich um deine Schwester.» So hat Martin Malek, der vieles in seinem Leben falsch gemacht hat, zumindest die beiden zusammengeführt.

«Er war ein armes Schwein.» Martin Malek hat sich in der Zelle aufgehängt; zu seiner Beerdigung sind lediglich Marie und Barbara gekommen. Barbara hätte nicht geglaubt, dass ein Überlebenskünstler wie ihr Vater sich umbringen könnte. Beide sind, trotz allem, irgendwie traurig. Barbara überreicht Marie ein letztes Geschenk ihres Vaters, einen Glücksbringer. Als sie ihn umhängt, klingelt das Handy. Es ist Vater Harsefeld mit guten Nachrichten: Mutter ist über den Berg. Marie stößt einen Jubelschrei aus: «Papa, ich liebe dich.» Auch er ist glücklich. Der Zorn ist verraucht: «Du bist mine seute Deern.»

Folge 58: Mobbing

«Stimmt es, dass Herr Schäfer wackelt?» Alexa steht bei Begemann im Büro und holt eine Unterschriftenmappe. Der Personalchef zuckt viel- und nichtssagend mit den Schultern. «Ich frage nur, weil dann müsste ich mich mehr an Herrn Dolbien halten.» Worum geht es überhaupt? Um die Planstelle im Business-Center. Alexa hätte da einen Vorschlag: eine Freundin, kompetent, Auslandserfahrung … Begemann winkt ab: Ausgeschlossen, im Moment nicht dran zu denken. Alexa zieht daraus ihren eigenen Schluss: «Dann müsste ich also jemanden herauekeln.»

Sie schmiedet einen hinterhältigen Plan. Sandy, immer für einen Flirt zu haben, soll sich um den Hotelgast Ladowsky kümmern, einen Geschäftsmann, der für zwei Tage dringend eine Sekretärin braucht. Alexa hilft ein bisschen nach, stellt nach einer langen Sitzung den beiden gar eine Flasche Wein hin, und schon klappt's: Sandy lässt sich mit dem gut aussehenden Geschäftsmann ein und wird – rein zufällig,

Besprechung im Direktionsbüro: Alexa verfolgt ihre eigenen Pläne

versteht sich – von Alexa und Begemann dabei erwischt. Eine Kündigung scheint unabwendbar: Schon wäre eine Stelle für Alexas Freundin frei.

Die unberechenbare Gudrun Hansson macht Alexa einen Strich durch die Rechnung. Die Konzernchefin mag Sandy und sorgt dafür, dass sie nicht entlassen wird. Als herauskommt, dass alles eine Intrige war, wird Alexa als Leiterin des Business-Centers abgesetzt.

Marie, die als Einzige Gudrun Hansson bei ihren Machtspielchen Paroli bietet, überredet die Konzernchefin, die Planstelle doch besetzen zu lassen – mit Barbara Malek, die mittlerweile auf der Straße sitzt.

Im Hotel ist die Welt wieder in Ordnung, aber privat bei den Schäfers hängt der Haussegen schief. Ermüdende Streitereien, nicht zuletzt, weil der Eifersuchtsvirus, diesmal wegen Iris, Marie wieder befallen hat. «Ich habe keine Lust mehr auf diese Auseinandersetzungen, tagaus, tagein», erklärt Ronaldo. Er zieht zu Hause aus und nimmt sich ein Zimmer im Hotel. Eine Trennung auf Probe – Scheidung nicht ausgeschlossen.

Folge 59: Gerüchteküche

Erster Arbeitstag für Barbara Malek im Grand Hansson. Marie bringt die neue Kollegin zum Business-Center. «Und seien

Sie nett zu meiner Schwester», mit diesen Worten verschwindet Marie wieder. Kaum ist die Tür zu, stellt Sandy gleich mal klar: «Wir sind ein eingeschworenes Team hier. Und einen Bonus gibt es nicht, nur weil Sie die Schwägerin vom Chef sind.»

Die Neue, aufgeregt und ohne Büroerfahrung, wird von den Girlfriends gleich auf den Arm genommen: Sie schicken sie mit einem Stapel Aktenordner in die Irre. Das Archiv ist natürlich im Keller, doch Barbara sucht es im 7. Stock. Im Flur vor der Präsidentensuite, in der Frau Hansson residiert, stößt sie mit Dolbien zusammen, der gerade von der Chefin kommt. Die Akten fliegen zu Boden. Barbara ist völlig verwirrt: Das ist der Mann ihres Lebens!

Erich Harsefeld hat seine Mühe, Hannelore Hollwinkel, inzwischen alleinstehend, auf Distanz zu halten: Da Elisabeth noch im Krankenhaus liegt, sieht Hannelore ihre Chance gekommen, ihn zu bekochen und zu umgarnen. Doch er ist immun gegen ihre Attacken. Marie kommt zu Besuch und berichtet, dass Ronaldo ausgezogen ist. Erich weiß, welchen Ratschlag seine Frau in solchen Fällen geben würde: «Das Geheimnis einer langen Ehe ist: dass man sich nicht trennt!»

Im Hotel kursiert das Gerücht, Gudrun Hansson wolle Ronaldo entlassen und stattdessen Dolbien zum Hoteldirektor machen. Es ist wie stets: Alle haben von dem Gerücht gehört, nur der Betroffene hat keinen Schimmer. Oder doch? Ronaldo lässt den Job schleifen, seitdem sie getrennt leben.

Marie sagt ihm dies auf den Kopf zu, als sie ihn mit dem Gerücht konfrontiert. Doch er will nichts unternehmen, sieht keinen Handlungsbedarf. Marie dagegen ist kampfeslustig: «Das soll sich die Hansson mal erlauben. Dann rasselt es aber im Karton.» Ronaldo, resigniert: «Ich kriege eine Abfindung und ausgerasselt.»

Das Gespräch hat Ronaldo neu motiviert. Er sucht Gudrun Hansson auf, die dementiert. Der Schäfer, das sei sein bester Mann, habe ihr Bill immer gesagt. Ronaldo, energisch wie einst, macht ihr den Vorwurf, dem Gerücht Vorschub geleistet zu haben: «Sie haben mein Image im Hause beschädigt.» Deshalb sei es nötig, dem Gerücht vor versammelter Mannschaft entgegenzutreten.

Betriebsversammlung. Bevor die Konzernchefin etwas klarstellen kann, steht Schmolli auf: «Wenn Herr Schäfer geht, dann gehe ich auch.» Vera, Uwe, Sandy, Katrin, Roxi, all die anderen, ja, zum Schluss sogar Begemann schließen sich an: Wenn Herr Schäfer geht … Jetzt gibt es kein Halten mehr – Tumult im Saal. Ruhe kehrt erst ein, als Ronaldo ans Rednerpult geht: «Natürlich bleibe ich.» Jubel und Beifall.

Luc organisiert einen Gebetsteppich

Ronaldo umarmt spontan Marie. Wie hatte Iris gesagt: «Da erlebe ich zwei Menschen, die lieben sich, die passen wunderbar zusammen ... und machen sich unnötig das Leben schwer.» Nun sind sie wieder versöhnt. Nur eins fehlt noch zu ihrem Glück: ein Kind, und auch hierfür gab Iris Marie einen Rat: Adoption. Ein Kind als Kitt für eine kaputte Beziehung, Ronaldo war dagegen. Jetzt flüstert er seiner Frau zu: «Lass es uns versuchen, Marie.»

Folge 60: Das Leben ist kein Wunschkonzert

«Ich hoffe, wir haben an alles gedacht.» Marie ist nervös, denn ein echter Ölscheich reist an. Alles Alkoholische ist aus der Minibar geräumt, doch einen anderen Punkt hat man übersehen: Der Gast wünscht einen Gebetsteppich. Kein Problem: Luc Atalay, der Hotelpage, borgt sich schnell einen bei seinem Vater aus. Der hat ein Juweliergeschäft und möchte, dass sein Sohn Goldschmied wird und später das Familienunternehmen fortführt. Dass Luc die Koffer anderer Leute schleppt, gefällt ihm gar nicht.

Schmolli ist das Koffertragen verboten worden: Er hat eine kaputte Bandscheibe, leidet unter Rückenschmerzen. Lange kann er den Job nicht mehr machen, es fällt ihm von Tag zu Tag schwerer. Gerade begrüßt er eine Dame, Eva Häberle aus Baden-Baden. Luc kümmert sich um die Koffer. Frau Häberle zieht einen Zwanziger aus der Kostümjacke: «Das ist für Sie beide.» Schmolli dankt. «Aber mehr gibt es nicht. Das muss für zwei Tage reichen.» Sie ist ja kein Ölscheich.

Frau Häberle bittet den netten Portier, ihr Hamburg zu zeigen, und Schmolli macht nur zu gerne den Fremdenführer. Auf der Terrasse des Alsterpavillons essen sie Eis, und Schmolli erzählt seine Lebensgeschichte: dass er einmal Hoteldirektor war, zwar nur ein kleines Haus, aber in Travemünde. Natürlich, er ist Ronaldo dankbar, aber lebenslang vor der Tür eines Luxushotels stehen, keine andere Perspektive mehr …

Am Abend sind sie immer noch zusammen, nun sitzen sie beim Italiener und trinken Rotwein. Inzwischen kennt Schmolli auch die Lebensgeschichte von Eva Häberle: Sie besitzt ein kleines Ferienhotel, ihr Mann ist vor drei Jahren verstorben. Und da fehlt ein Mann.

> **SCHMOLLI** (versteht genau, ist aber erschrocken): *Ich verstehe nicht ganz …*
>
> **EVA HÄBERLE:** *Sie sind ein ganz Raffinierter, das habe ich gleich gemerkt! So die Marke: immer den Unschuldigen spielen … und haben es ganz faustdick hinter den Ohren!*
>
> **SCHMOLLI:** *Aber Frau Häberle!*
>
> **EVA HÄBERLE:** *Aber Frau Häberle, aber Frau Häberle. Sie wissen doch genau, was ich von Ihnen will.* (hebt das Glas) *Sagen Sie Eva zu mir!*
>
> **SCHMOLLI** (hebt das Glas nicht): *Um gleich von Anfang an das zu sagen: Ich möchte mich nicht auf …*

> **EVA HÄBERLE:** *Getrennt von Tisch und Bett! Was denken Sie denn? Ihr Norddeutschen seid immer so steif! Und immer gleich das Schlimmste denken! Nein, nein … Ich suche keinen Mann fürs Leben, Gott bewahre. Ich suche einen Mann für mein Hotel.*

Schmolli bittet sich Bedenkzeit aus, am Ende jedoch sagt er Eva Häberle zu – der gute alte Heronymus Schmollke, einer der treuesten Mitarbeiter im Hansson Hotel, wird das Haus verlassen.

Doch nicht nur Schmolli kündigt, sondern auch Vera. Sie fühlt sich der Arbeit im Hotel mit seiner Hektik, seinen Alltagskämpfen und Intrigen nicht länger gewachsen und will in Berlin noch einmal von vorn anfangen.

Im Hause Schäfer brodelt es, daran ist die Untermieterin Iris schuld. Sie breitet sich immer ungenierter aus, bringt eines Nachts gar einen Lover mit. Ronaldo regt sich darüber derartig auf, dass Marie gleich eifersüchtig wird: Man könnte glatt denken, er sei in Iris verliebt. Jedenfalls ist die Situation unerträglich. Als Iris ihre Koffer packt – sie muss wegen der Scheidung nach Stockholm – eröffnet ihr Marie, dass sie besser ausziehen sollte. Marie, man kann es nicht anders sagen, schmeißt Iris raus. Aber es steht bereits ein anderer Hausgast vor der Tür: Erich Harsefeld, der – Elisabeth ist zur Reha in Bad Bevensen – vor Hannelore geflüchtet ist.

GIRLfriends   108

Folge 61: Abschiedsblicke

Marie fährt zum Flughafen, um die frisch geschiedene Iris abzuholen. Das ist ihre Art, sich für den Rauswurf zu entschuldigen.

Dolbien bekommt überraschend Besuch von seiner Freundin, der Stewardess Natascha. Liebe ist schon lange nicht mehr im Spiel – nach einer letzten, leidenschaftlichen Nacht trennen sie sich.

Iris wieder solo, Dolbien ebenso – es kommt, wie es kommen muss. Erst vermittelt er ihr eine Wohnung, vis-à-vis zu der seinen, dann machen sie zusammen Fitness, gehen schließlich gemeinsam aus. Nach einem langen und erfolgreichen Arbeitstag landet Iris in seiner Wohnung, zu ihrer Überraschung aber nicht in seinem Bett. Kurz zuvor blockt er ab.

Frau Hansson sucht ein Geschenk für Iris. Mit Luc fährt sie auf dessen Motorrad zum Juweliergeschäft Atalay, kauft dort einen hübschen Armreif und nutzt die Gelegenheit, Lucs Vater davon zu überzeugen, dass sein Sohn der ideale Doorman ist. Schmolli kann nun guten Gewissens kündigen: Mit Luc ist ein würdiger Nachfolger gefunden.

Marie bemüht sich um eine Adoption, gerät jedoch bei der zuständigen Behörde an eine Beamtin, die es geradezu darauf anlegt, sie zu entmutigen. Frau Rust will

sich persönlich davon überzeugen, dass das Ehepaar Schäfer in geordneten Verhältnissen lebt. Ronaldo und Marie müssen allerlei unerfreuliche Gespräche über sich ergehen lassen. Frau Rust ist ein harter Brocken, doch Vater Harsefeld, derzeit Gast bei den Schäfers, gelingt es, ihn zu knacken. Mit seinem Charme wickelt er die spröde Beamtin ein, das Signal wechselt von Rot auf Grün. Scheint zumindest so.

Letzter Arbeitstag. Schmolli, in zivil, steht etwas verloren vor der Tür des Grand Hansson. Vera kommt heraus, auch für sie war es der letzte Tag. Offensichtlich hat man die beiden im Alltagstrubel ganz vergessen – nun stehen sie da und wissen nicht recht … Vera macht den Vorschlag: zum Abschied ins Felix? Bei einem Gläschen lamentieren sie über eine Welt, der die menschliche Wärme abhanden gekommen ist. Keine Geschenke, keine Abschiedsrede – die Enttäuschung ist groß. Doch da öffnet sich die Tür: Alle, alle sind gekommen, um die beiden beliebten Mitarbeiter zu verabschieden. Es wird ein rauschendes Fest.

Folge 62: Liebesgeflüster

Gudrun Hansson macht, wie jeden Morgen, einen ihrer berühmten Inspektionsgänge durchs Haus. Auf der Hotelterrasse trifft sie Dr. Rilke, der gerade mit einer jungen Frau frühstückt. Wenig später ruft er

sie in ihrer Suite an: Es habe ihn gefreut, sie zu sehen – ob sie mit ihm am Abend einen Spaziergang machen wolle? «Sie und ich? Wozu soll das gut sein?» Doch so schnell gibt Rilke nicht auf.

Im Hirschpark gehen sie spazieren. Der Doktor erzählt, dass der Arztberuf heute keine Freude mehr sei; die Konzernchefin, die diese Position nie angestrebt hat, berichtet von ihren Sorgen. Abends sitzen sie in einem einfachen Lokal an den Elbterrassen. Die Elbe glitzert unten, alles sehr romantisch, doch bei einem Rendezvous mit Gudrun Hansson wird kein Süßholz geraspelt. Ihr Mann habe sie immer davor gewarnt: Eines Tages werde einer kommen und ihr Avancen machen, in Wahrheit jedoch nur hinter ihrem Geld her sein. Da kann Rilke sie beruhigen: Er

dass sie verkaufen will. Vergeblich argumentiert Ronaldo gegen solche Pläne, Gudrun Hansson hat sich entschieden. Bereits zwei Tage später taucht der Banker Hans Niebeck auf, um die Bewertung des Konzerns vorzunehmen. Er entpuppt sich als ein alter Klassenkamerad Maries aus Hitzacker, der in Schweden Karriere gemacht hat.

Iris gesteht Marie, dass sie sich in Dolbien verknallt hat, aber unsicher ist, weil er sich ihr gegenüber manchmal so seltsam verhält. Marie ermutigt ihre Freundin, dem Gefühl nachzugeben. Kurz darauf erfährt Marie von Barbara: Sie ist ebenfalls unsterblich in Dolbien verliebt. Marie warnt ihre Halbschwester, denn sie ahnt Unheilvolles.

«Halten Sie an!» Dolbien, kreidebleich, krallt sich an der Vorderlehne fest und springt panisch aus dem Taxi, kaum dass der Wagen hält. «Bisschen plemplem, Ihr Freund, was?» Taxifahrer gehören nicht zu den besonders sensiblen Wesen, Iris bezahlt rasch und schickt ihn weg. Dolbien fühlt sich mitschuldig am Tod seiner Freundin, die betrunken mit dem Auto tödlich verunglückte. Seither ist er unfähig, sich auf eine tiefe Bindung einzulassen. Doch nach dieser Beichte scheint die Angst gebannt – Dolbien und Iris küssen sich.

Gudrun und Dr. Rilke sitzen in der Suite und halten Händchen. Plötzlich hat sie

sei wirtschaftlich unabhängig, weder an Geld noch an Sex interessiert. «Sie interessieren mich: Ihr Humor, Ihre Herzlichkeit, Ihre widerspenstige Art.» – «Ja, dann», Gudrun nimmt seine Hand, jetzt ist er erstaunt. «Aber alles peu à peu!»

Die alte Maxime scheint nicht zu gelten für ihre Konzernpläne. Im kleinen Kreis der engsten Mitarbeiter verkündet sie,

111   Serienguide

eine Schmerzattacke. Zwischen den Schulterblättern – ob sie das schon mal gehabt habe? Gudrun lacht auf: «Aber bitte keinen Arzt!» Ihr Lachen erstirbt, der Schmerz kehrt zurück. Dr. Rilke legt sorgenvoll den Arm um sie.

Folge 63: Entscheidungen

«Manchmal ist es scheißschwer, die Wahrheit zu sagen.» Schwester Annelie kann nachfühlen, wie Dr. Rilke zumute ist. Zunächst verschweigt er Gudrun Hansson, dass der Krebs wieder ausgebrochen ist. Doch sie spürt, dass er lügt, und stellt ihn, nachdem sie ins Hotel zurückgekehrt ist, zur Rede. Er sagt ihr die brutale Wahrheit, die sie gefasst aufnimmt: Sie hat maximal noch zwei Wochen zu leben. Sie verbietet Dr. Rilke, irgendjemandem davon zu erzählen, auch Marie darf nichts erfahren.

Barbara leidet. In einem schwachen Moment gesteht sie Sandy und Katrin, dass sie ihren Chef liebt. Dann der Schock: Sie erwischt Dolbien und Iris beim Knutschen. Während Barbara sich bei ihrer Freundin Imke ausweint, haben die beiden zum ersten Mal Sex miteinander.

Iris hat Marie darauf gebracht: Ob sie schon einmal von dem chilenischen Kinderheim «Hogar Esperanza» gehört hat? Das wäre vielleicht eine Alternative, wenn es in Deutschland einem so schwer

Dr. Rilke hat mehr als ein medizinisches Interesse an Gudrun

gemacht werde, ein Kind zu adoptieren. Marie erinnert sich: Pastor Ecke, der sie damals getraut hat, sprach von dem Heim. Gemeinsam mit Ronaldo sucht sie den Pastor auf, der verspricht, ihnen zu helfen.

Besuch steht vor der Tür: Heike, ihr Freund Raffael und Vivien. Ein Wiedersehen mit gemischten Gefühlen: Es dauert keine Minute, dann giften sich Heike und Marie an.

Heike möchte am liebsten verbieten, dass Marie mit Vivien die Eltern Harsefeld besucht. Aber Raffael meint, die Kleine hätte sich doch so sehr darauf gefreut. So fahren sie also. Auf dem Wochenmarkt in Hitzacker hat Vater Harsefeld seinen Stand aufgebaut. Er legt sich mit drei Neonazis an und wird von ihnen verprügelt. Genau in diesem Moment kommen Marie und Vivien.

Als Marie später ihren Eltern erzählt, sie wolle mit Ronaldo ein Kind aus Chile adoptieren, reagieren die Harsefelds reserviert. Ein Kind aus dem Ausland – nachdem, was Erich eben erlebt hat? «Ihr wollt euch 'nen Schwatten holen?» Marie knallt den Teller auf den Tisch: «Das zum Thema Ausländerfeindlichkeit.»

«Mama, Opa Erich hat sich geprügelt mit Narzissen!» Heike ist entsetzt, als sie hört, was auf dem Wochenmarkt passiert

ist – niemals hätte sie, auch nur einen Nachmittag lang, das Kind in die Obhut von Marie geben dürfen. Schon wieder wird heftig gezankt.

Raffael, als Beobachter der ständigen Streitereien, kommt zu der Erkenntnis, dass Marie und Heike sich verblüffend ähnlich sind: «Der Duktus, die Dramatik, der Ehrgeiz, Recht zu behalten, die Energie, den anderen zu besiegen … ob wegen Ronaldo oder wegen Vivien, ob aus Prinzip oder gutem Grund: eins zu eins dasselbe!» Unmöglich zu schlichten – im Groll reist Heike wieder ab.

Ronaldo und Dolbien haben sich verbündet: Gemeinsam wollen sie Gudrun davon überzeugen, nicht zu verkaufen. Die Argumente und Rollen sind abgesprochen. Sie stürmen die Präsidentensuite: dringender Gesprächsbedarf. Doch die Konzernchefin lässt sie abblitzen, und die beiden Herren müssen unverrichteter Dinge wieder abziehen.

Gudrun Hansson hat einen Interessenten für die Hotelkette, und ausgerechnet Ronaldo soll die Präsentation machen. Während des Gesprächs klingelt sein Handy: Pastor Ecke. Er hat einen Kontakt zu dem Kinderheim gemacht. Man bittet das Ehepaar Schäfer, nach Chile zu kommen – dort wartet ein kleiner Junge darauf, ein neues Zuhause zu finden.

113 Serienguide

Folge 64: Verraten und verkauft

«Irgendwie fühle ich mich ein bisschen wie der Advokat des Teufels.» Ronaldo soll der Berliner Windsor-Gruppe Gudruns Verkaufspläne vermitteln und das Unternehmen präsentieren. Die Dienstreise verbindet er mit seinen privaten Plänen: Marie nimmt er mit auf die Reise nach Berlin, um mit ihr von dort aus anschließend nach Chile zu fliegen.

Zu Maries Überraschung ist auch ihr alter Klassenkamerad mit von der Partie: Hans Niebeck, Investment-Banker, steht Ronaldo bei den Verhandlungen zur Seite. Marie freut sich über die Reisebegleitung: Lebhaft tauschen die beiden Erinnerungen aus, während Ronaldo gelangweilt daneben sitzt. Ihm entgeht aber nicht, dass Hans Marie unmissverständlich anbaggert – Ronaldo ist entsprechend sauer.

Frauen und Männer passen nicht zusammen. Keine neue Erkenntnis, im Moment muss gerade Iris sie machen. Ihre Beziehung mit Christian Dolbien endet abrupt: Der aktuelle Krach ist nur der Auslöser; Iris ist klar, wie verschieden und unvereinbar ihre Lebensstile sind. Und weil sie nicht nur eine «Büroaffäre» sein will, macht sie Schluss.

Personalchef Begemann will auch Schluss machen. Sein Bankberater hat ihn zum Kauf einer Neuemission überredet; der

Aktienkurs geht hoch, und Begemann gönnt sich was: einen Sportwagen. Mit dem Prachtstück fährt er vor dem Hotel vor und schindet Eindruck. Kaum hat Begemann den Vertrag über den neuen Flitzer unterschrieben, fallen die Kurse rapide. Sein Bankberater rät: Ruhe bewahren, nachkaufen. Das war verkehrt.

Begemann sitzt an seinem Schreibtisch und hört die Börsennachrichten: Er ist ruiniert. Er lässt die Jalousien herunter, ordnet seine Papiere und zieht die Schreibtischschublade auf. Ein Papptablett mit Petits Fours, darunter eine Pistole. Begemann steckt sich das Petit Four in den Mund, kaut und schiebt den Lauf der Pistole nach. In diesem Moment geht die Tür auf: Alexa erscheint und erstarrt.

Folge 65: Verlorene Illusionen

Marie kann es nicht fassen: «Wir sollten im Flieger nach Santiago sitzen und stattdessen gondeln wir im Autoreisezug nach Sylt.» Ronaldo hat die Reise um drei Tage verschoben, damit sie einmal unbeschwert ausspannen können. «Ich brauchte das jetzt auch … nur du und ich und kein Hans Niebeck.» Zu früh gefreut. Vor dem Mann ist man (besser gesagt: Marie) auch auf Sylt nicht sicher.

Barbara möchte Dolbien alles recht machen und begeht prompt einen folgenschweren Fehler. Ein superwichtiges Fax mit vertraulichen Informationen soll sie kopieren, doch der Kopierer im Business-Center streikt, Sandy eilt zu Hilfe, im gleichen Moment klingelt Barbaras Telefon, Sandy hat das Fax in der Hand und liest – Verkaufsverhandlungen! Wenig später weiß es das ganze Haus. Dolbien tobt, er macht Barbara zur Schnecke. Gudrun Hansson behält einen kühlen Kopf: nicht drum herum reden, sondern den Mitarbeitern reinen Wein einschenken.

«Wenn ich eines weiß vom Leben», gibt Alexa Begemann einen Rat, «dann: Selbstmitleid darf man nicht haben.» Sie hat ihm das Leben gerettet. Der Personalchef ist ihr zur Dankbarkeit verpflichtet, daran wird sie ihn bei Gelegenheit erinnern. Ein paar Tage später ruft sie ihn an: Sie braucht jemanden, der ihr zuhört. An diesem Abend, an dem einer ihrer Schützlinge im Altersheim gestorben ist, erzählt sie ihre Geschichte: aufgewachsen in größter Armut bei der Großmutter, misstrauisch geworden gegenüber den Menschen.

So hatte sich Ronaldo die zwei freien Tage nicht vorgestellt: Er liegt krank mit einer Magenverstimmung im Bett, während sich seine Frau mit dem aufdringlichen Hans Niebeck auf der Insel vergnügt. Natürlich wird Marie ihm nicht untreu, aber genießen tut sie es schon, dass sie so offensichtlich begehrt wird. Am nächsten Morgen – Ronaldo ist, kein Wunder, etwas

säuerlich – geht es retour. Hans bekommt von Marie einen Abschiedskuss. «Ich beneide Sie», meint er zu Ronaldo, der lediglich entgegnet: «Das nächste Mal gibt's was auf die Schnauze.»

Barbara hat all ihren Mut zusammengenommen und geht zu Dolbien ins Zimmer. Sie wehrt sich vehement dagegen, derart arrogant abgebügelt zu werden – sie bedaure ihren Fehler, bitte um Entschuldigung, aber beleidigen, fertigmachen lassen will sie sich nicht. «Sonst suche ich mir einen anderen Job!» Sie geht, aufrecht – und Dolbien ist beeindruckt.

Der Flug nach Frankfurt hat Verspätung, Marie und Ronaldo fürchten, den Anschluss nach Santiago zu verpassen. Endlich kommt der Aufruf, sie schnappen sich ihr Handgepäck. Das Handy klingt, Ronaldo geht noch kurz ran – und wird blass. Tränen steigen in seine Augen. «Wir können nicht fliegen … Es ist etwas passiert.»

Folge 66: Demnächst auf Wolke sieben

Heike ist tot, bei einem banalen Unfall ums Leben gekommen. Für Ronaldo bricht eine Welt zusammen, er zweifelt am Sinn des Lebens. Auch Pastor Ecke kann ihm nicht helfen. Einzig Vivien, seine Enkeltochter, die Raffael zu den Schäfers nach Hamburg bringt, spendet ihm ein wenig Trost. Das Kind ist verstört, und Marie hat Mühe, wieder das Vertrauen von Vivien zu gewinnen.

Gudrun Hansson erhält Besuch von einem seltsamen Herrn Geiger. Doris an der Rezeption vermutet: ein alter Freund und neuer Verehrer (und bedauert den netten Dr. Rilke). Sie liegt falsch: Der Mann ist ein Sterbehelfer aus der Schweiz.

Ronaldo arbeitet wieder, sein erster Termin: Gudrun Hansson. Die Konzernchefin wird immer verrückter, zeigt weder Mitgefühl noch Verständnis. Sie teilt Ronaldo mit, sie habe sich umentschieden: Es wird nicht verkauft, auch wenn Niebeck deshalb fast eine Herzattacke bekommen habe. «Außerdem wollte ich Sie fragen, was Sie davon halten, den Direktorenposten abzugeben.» Nun kriegt Ronaldo fast eine Herzattacke. Was soll das heißen? Gudrun spricht vage von Plänen, die ihn betreffen würden und natürlich auch sie selbst. «Nun gucken Sie nicht so betroffen.» Gudrun langt über den Tisch und streichelt ihm die Wange. «Lumpenhund.»

Ronaldos neuer Sportwagen, kurz vor dem Sylt-Ausflug gekauft, rast über die Elbbrücken. Auf einer Bundesstraße kommt der Wagen ins Schleudern und überschlägt sich. – An der Haustür klingelt es, Marie öffnet. Zwei Polizisten. «Fährt Ihr Mann einen Wagen mit dem Kennzeichen …»

Marie nickt. «Ich fürchte, ich muss Ihnen eine traurige Mitteilung machen …» Das ist zu viel: Marie fällt in Ohnmacht. Doch eine Stunde später erscheint Ronaldo: Man hat seinen Wagen geklaut.

«Du bist entschlossen.» Dr. Rilke sitzt mit Gudrun beim Italiener, und er weiß, dies soll «the last supper» sein. Er kann sie nicht umstimmen, und er akzeptiert ihre Entscheidung. Der Abend endet, so traurig der Anlass ist, mit einer großen, zarten Liebeserklärung.

Herr Geiger sitzt bei Gudrun in der Suite und packt Medikamente aus. Marie platzt rein, und Gudrun unternimmt mit ihr einen Spaziergang. Weißt du noch – lange sprechen sie über die vergangenen Zeiten. So sentimental kennt man die Konzernchefin nicht. Von einer Reise, die sie antreten wolle, spricht sie zu Marie: Eigentlich habe sie nur mit ihr spazieren gehen wollen, um sich von ihr zu verabschieden. Marie ist irritiert. Zurück im Hotel, berichtet sie Iris: «Du, ich hatte eben ein Erlebnis der dritten Art …»

Im Archiv kommt man sich näher: Dolbien und Barbara räumen Ordner im Keller. Er ist wieder ganz Macho, aber sie lässt sich nichts mehr gefallen. Im Gegenteil: Sie sagt, was sie schon immer sagen wollte, aber sich nicht getraute: Sie hat sich in ihn verliebt. Da legt er die Ordner beiseite – Kuss und Abblende.

Ein Zeitungsbericht über Sterbehilfe mit dem Foto Geigers bringt Ronaldo darauf: Der Mann war im Grand Hansson, in Gudruns Suite. Er rast ins Hotel, stürmt ihr Zimmer und findet sie lebend vor. Auf dem Nachttisch liegen die Tabletten und ein Glas Wasser – unbenutzt.

In einer Anwaltskanzlei. Gudrun Hansson überführt den Konzern in eine Stiftung. Vorsitzender wird Ronaldo, Dolbien sein Stellvertreter. Das Grand Hansson Hamburg wird davon ausgenommen und Marie überschrieben. Unter einer Auflage: Sie muss es zusammen mit Iris führen.

Maries erste große Tat ist ein Betriebskindergarten, und sie kann es sich nicht verkneifen, ihn Frau Rust vom Jugendamt vorzuführen. Die Beamtin meint: «Demnächst auf Wolke sieben, oder was?», worauf Ronaldo und Marie widersprechen: Nein. Nicht demnächst. Jetzt schon: Wolke sieben.

Who is who

Marie Malek (-Schäfer)
Unsere wunderbare Heldin

Ronaldo Schäfer
Mann ohne Fehler und deshalb unser Darling

Ilka Frowein
Maries beste Freundin, Hotelangestellte

Elfie Gerdes
Nie verstummende, aber sehr verschlankte Datatypistin

Vera Klingenberg
Elfies Kollegin im Schreibpool, alleinerziehende Mutter, Seelchen

Frau Stade
Erst Schreibpoolleiterin, dann Konzernchefin mit Herz und Härte

Hieronymus Schmollke
Lebenskluger Doorman

Doris Barth
Schnatterige Rezeptionistin

Dr. Begemann
Personalchef und Pograbscher

Nicole Bast
Liebenswertes Schreibpool-Luder, Todfeindin von Daniela, 1996 ermordet

Daniela Holm
Stellvertretende Personalchefin mit Partnerschafts- und Alkoholproblemen

Dieter Saalbach
Stellvertretender Hoteldirektor, später von Ronaldo gefeuert, und verheirateter Lover von Daniela

Stefan Ahlbaum
Millionärssohn, der im Schreibpool landet

Renee Broschek
Fiese Kollegin, mit der es nur in eine Richtung geht: abwärts

Katja Harms
Wirbelwind und Nachwuchs-Sekretärin mit Privatzoo

Wilma Wolf
Langzeitarbeitslose mit Aussicht

Uwe Holthusen
Koch

Carsten Smith
Barkeeper

von Winkler
Wichtigtuer und Kurzzeit-Direktor

Herr Rumpelmayer
Küchenchef, der in Pension geht

Julietta
Zimmermädchen

Höltenbaum
Langweiliger Kellner

Elisabeth Harsefeld
Die Mutter aller Girlfriends, Ratgeberin ihrer Tochter Marie

Erich Harsefeld
Stiefvater von Marie und Schlachter in Hitzacker

Heike Schäfer
Ronaldos buddhistische Tochter, Mutter von Vivien, gestorben 2002

Vivien Schäfer
Ronaldos Enkeltochter

Alexander Hofstädter
Gutsbesitzer, Verehrer von Marie, später Lebensgefährte von Elfie, gestorben 2000

Bendix Bast
Musiker, Maries jüngerer Freund,
Bruder von Nicole

Frank Melson
Schönheitschirurg, Porschefahrer und
Freund von Ilka

Ursula Schäfer
Ronaldos Ehefrau, 1996 gestorben

Albert Baumgarten
Computerfachmann und Veras Verlobter, leider schwul

Thorsten Buck
Nicoles Mann, hübsch und doof

Bill Hansson
Der «Big Boss», gestorben 2000

Zoltan Landauer
Kriegsreporter und Freund von Ilka,
gestorben 1997

Rob
Kneipier und Kurzzeit-Lover von Elfie

Sebastian Beck
Hotelarzt, Ronaldos Kumpel und Ilkas
Liebhaber

Dr. Rilke
Girlfriends Arzt für alle Fälle, Verehrer
von Frau Hansson

Bengt Palmström
Vorstandsassistent bei Hansson

Hannelore Hollwinkel
Hitzackers Tratsche und beste Freundin
von Mutter Harsefeld

Stefanie Ahlbaum
Drogensüchtige Schwester von Stefan
Ahlbaum

Florian Klingenberg
Kleines Monster und Veras Sohn

Henry Horn
Küchenjunge

Peter Wolf
Maries fieser Ex-Lover aus Hitzacker

Iris Sandberg
Geschiedene Hotelmanagerin und
Maries neue beste Freundin

Christian Dolbien
Hotelmanager und Love-interest von
Millionen

Alexa Hofer
Intrigante Schnalle und Direktions-
sekretärin

Sandy Busch
Freche Tippse im Businesscenter

Katrin Hollinger
Kräftige Esserin und fröhliche Kollegin
im Businesscenter

Luc Atalay
Hotelpage mit türkischen Vorfahren

Barbara Malek
Maries Halbschwester

Martin Malek
Maries Vater, Spieler, Selbstmörder

Roxi Papenhagen
Tüddelige Hausdame

Dr. König
Rechtsanwalt für alle Fälle

Merle Ingwersen
Barbaras allerbeste Freundin

Raffael
Lehrer und Heikes Freund

Hans Niebeck
Ex-Mitschüler von Marie, jetzt Single
auf der Suche

Frau Rust
Beamtin der Jugendbehörde, säuft

Bernd Ladowski
Hotelgast, der's mit Sandy treibt

Making of

Jessica Kreft
Wie ich ein *Girlfriend* wurde

«Was treibt einen (nach eigener Einschätzung) eigentlich ganz normalen Menschen dazu, bei einer 24-folgigen Fernsehserie die Anschlussfehler rauszuschreiben? Muss man sich nicht an den Kopf fassen und unwillkürlich zum Schluss der ‹hochgradigen Schwachsinnigkeit› kommen bei dem Gedanken, dass sich da jemand die *Girlfriends* hoch vier vergegenwärtigt hat, denn mindestens viermal hab ich jede Folge gesehen?!» Dies waren die ersten Worte meiner Anschlussfehler-Analyse über die ersten zwei Staffeln der ZDF-Serie *Girlfriends*, geschrieben im Herbst 1996.

Es fing alles viel früher an. Die letzten vier Jahre meiner Schulzeit verbrachte ich nur noch nebenberuflich auf der Schulbank, hauptberuflich hatte ich vor dem Fernseher Platz genommen. Die Entscheidung war also gefallen, aber wie das Ziel erreichen? Und wo ist der, oder wenigstens ein Weg zum Ziel? Mir ging es wie Marie Malek aus Hitzacker: Es war eine große Herausforderung, meinen Weg zu finden. Ohne das nötige Vitamin B(eziehungen, keine Ilka weit und breit) und in einer infrastrukturell unwirtlichen Umgebung (Hitzacker), wurde unser Postamt zu meinem Tor zur Medienwelt. Es beherbergte Telefonbücher des gesamten Landes, und schnell hatte ich die ca. 200 Adressaten meiner Bewerbungsunterlagen zusammen. Die letzten Ferien verbrachte ich in der großen weiten Welt: Berlin. Mein erstes Praktikum. In einem Berliner Fernsehstudio produzierte ich die erste Sendung meines Lebens. Für den Offenen Kanal. Ernüchterung pur!!! Schnell vergessen, nicht unterkriegen lassen und weitermachen. Mein

Ehrgeiz war unermesslich, ich strotzte vor Selbstbewusstsein, und der unbedingte Wille ließ sich weder vom engstirnigen Arbeitsamt noch gelangweilten und abgestumpften Lehrern brechen. Schließlich gab es auch Verbündete: kleiner Dank an die unterstützenden Eltern und den fördernden Deutschlehrer. Du schaffst es! Lebe deinen Traum! Weiter! 1990 war es endlich soweit: Abi geschafft! Was nun?

Wenn überhaupt etwas im Briefkasten war, waren es Absagen! Aber dann kam der entscheidende Brief aus München: Praktikum im Kopierwerk der Bavaria Film. Wohnung suchen und nix wie raus in die weite Welt nach Bayern. Schnell landete ich von meinem Höhenflug auf dem Boden der Tatsachen. Was es heißt, ein Praktikum im Kopierwerk zu machen? Stell dir vor, du möchtest Fotograf werden und darfst dann die Urlaubsschnappschüsse von Herrn Müller-Meier-Schulze entwickeln. Working from nine to five. Film beschränkt sich aufs Material: entwickeln und kopieren. Irgendwo müssen ja die 300 Kopien herkommen, mit denen ein Kinofilm in Deutschland gestartet wird. Pro Film heißt das ca. 1,2 km Filmmaterial. Entwickeln, in die Kopiermaschine einlegen, 90 Minuten später die Kopie entnehmen, wieder entwickeln, anschauen und prüfen, und ab geht die Post ins Kino. Das Ganze im Schichtdienst. Okay, jeden Morgen durfte ich an der Kulisse vom *Boot* vorbeigehen und sah hier und da auch mal ein Filmteam auf dem Gelände. Das war der Anfang. Frei nach Frau Stades Lebensmotto ging es weiter: Immer alles schön peu à peu!!!

Mein Hansson war das Bavaria-Filmgelände, mein Schreibpool die Produktionsbüros: Schimanskis Ende war mein Anfang, beim *Fahnder* blieb ich den Polizisten treu. Danach sechs Monate arbeiten für einen 30-minütigen Origami-Trickfilm. Mein Country-Hotel-Konzept war ein Dreimonatsdich in Tschechien, der Sprung vom Praktikum zum Setaufnahmeleiter. Gott sei Dank brauute es nicht! (Zwar hatte ich auch nette Chefs, aber ein Ronaldo war nicht dabei. Man kann nicht alles haben.)

1993 wollte ich weiter: Bewerbung bei den Filmhochschulen. Die Entscheidung wurde mir abgenommen: München aufgenommen, Potsdam abgelehnt. Gleiche Fragen und Ängste wie Marie: Passe ich dahin? Schon im Aufnahmegespräch musste ich Farbe bekennen: Wer sind Edgar Reitz und Leo Kirch? Kennen Sie zufällig auch das Fernsehprogramm? *Forsthaus Falkenau?* Was für Filme wollen Sie machen? Im Kino? Gar keine! Und wenn schon, dann Fernsehfilme, aber am liebsten Serien! Ab Oktober war ich eingeschriebene Studentin an der Hochschule für Fernsehen und Film, München, Abteilung V Produktion und Medienwirtschaft. Dann ging es drei Jahre ziemlich normal zu: Vorlesungen, Praktika und Studentenfilme. Auf der Marathonstrecke vom Fernsehzuschauer (Start) zum Fernsehmacher (Ziel) war ich ungefähr bei Kilometer 15,7 angekommen.

«Marktbeobachtung» ist das Stichwort, mit dem die *Girlfriends* in mein Leben traten. Ich hatte es mir zur Gewohnheit gemacht, alles, was es an neuen deutschen Sendungen im Fernsehen gab, wenigstens in groben Zügen zu kennen. Also surrten ab 18 Uhr bei mir zwei Videorecorder los und nahmen das Wichtigste auf. Meistens guckte ich parallel die anderen zwei Programme. ARD, ZDF, SAT1 und RTL. Ich schaute mir jedes TV-Movie wenigstens im Schnelldurchlauf an, von jeder neuen Serie wenigstens eine Folge.

Am ersten Weihnachtsfeiertag 1995 hatten also Marie Malek, Ronaldo Schäfer und die Schreibpoolmädels ihre Premiere. Ich hab den Piloten live gesehen und gleich abgehakt, gut gemacht, aber irgendwie hat es mich nicht gepackt. Die erste Folge fiel noch in die Weihnachtsferien, und da hat man ja bekanntlich Zeit, also hab ich die auch geschaut. Damit waren die *Girlfriends* für mich endgültig erledigt: Als stolzes Landei fand ich Maries Auftritt in der Großstadt viel zu klischeehaft. Der alte Joke vom Wein, der Korken hat, und Marie, die staunend in ihr Glas schaut und sagt, also bei mir ist nichts drin … Oh no! Wenn eine Serie so anfängt, kann es ja nix werden. Die nächsten Wochen und Monate fanden die *Girlfriends* bei mir nicht statt. Hat sich irgendwie nicht ergeben, noch mal reinzuschauen. Eigentlich hab ich es meiner «Ich-kann-nicht-mit-dem-Videorecorder-umgehen-Schwester» zu verdanken, dass die *Girlfriends* und ich wieder zueinander fanden: Irgendwann rief sie mich ganz aufgeregt an und bat mich, ihr eine Folge der «Girlies» aufzunehmen. Das ließ mich aufhorchen. Fernsehen war ihr nie so wichtig, klar schaute sie, aber außer den *Dornenvögeln* hab ich ihr, glaub ich, noch gar nichts aufgenommen. Es stellte sich heraus, dass sie bis dato keine Folge verpasst hatte. Ich sah mich professionell herausgefordert; hatte ich die *Girlfriends* falsch eingeschätzt? Ich stieg wieder ein und war vom *Girlfriends*-Virus infiziert. Ab jetzt fand das Sozialleben eben dienstags erst ab 20.15 Uhr statt – ich war nicht erreichbar, sollten sie doch auf den Anrufbeantworter sprechen.

Natürlich wollte ich jetzt auch die verpassten Folgen haben.

Auf die Idee, bei der Produktionsfirma anzurufen, bin ich nicht gekommen, und beim ZDF war es auch nicht ganz einfach. Es ist nicht billig, VHS-Kopien vom Programm zu bekommen. Und das konnte ich mir nun wahrlich nicht leisten, bei ca. 20 Folgen. Ich griff zu einem kleinen Trick: Ich schwindelte dem Redakteur Pit Rampelt vor, dass ich eine Hausarbeit über die Serie schreiben wolle und als Studentin der Filmhochschule nun dringend irgendwie an die Bänder kommen müsse. Der war sehr hilfsbereit, hatte aber keine VHSen, sondern nur die Sendebänder, die das ZDF nicht verlassen dürfen. Das einzige, was er mir anbieten könne, wäre, dass ich nach Mainz käme, mich in einen Kopierraum setze und selbst kopiere. Gut, sagte ich, morgen früh, 9 Uhr, bin ich da. Er war schon etwas verdutzt und hat, glaub ich, nicht damit gerechnet, dass ich wirklich aufkreuzen würde.

Am nächsten Morgen sahen mein kleiner Golf und ich hinter den Obstbaumplantagen des Mainzer Umlandes die Sonne aufgehen, und pünktlich um 9 Uhr betrat ich den heiligen Lerchenberg. Etwas später klopfte ich im Verwaltungsgebäude an die Tür von Pit Rampelt. Er wollte natürlich genauer wissen, um was es in meiner Hausarbeit denn ginge, und ich faselte etwas von Anschlussfehleranalyse, von wegen technischer und inhaltlicher Fehlerart usw. Natürlich hab ich ihm eine Kopie versprochen …

Den Rest des Tages verbrachte ich in einem fensterlosen Raum und kopierte, bis die Geräte qualmten. Frau Ulwer versorgte mich literweise Kaffee und opferte ihren freien Abend; so gegen 23 Uhr verließen wir gemeinsam das Gelände, und ich kutschierte meine wertvolle Fracht wieder in die bayerische Heimat. Unterwegs hatte ich genügend Zeit, mir klar zu machen, dass ich nun wirklich irgendwas an Pit Rampelt liefern musste, und fand den Gedanken einer Anschlussfehleranalyse auch gar nicht unspannend. Ich hatte ähnliches schon mal vor Jahren für die *Schwarzwaldklinik* gemacht. Warum also nicht?

Ich möchte jetzt gar nicht weiter auf die Analyse eingehen, nur so viel: Die Fehlersuche gestaltete sich äußerst schwierig, es gab einfach nur wenige richtige dramaturgische Anschlussfehler, ein Zeichen, dass hier ein Autor am Werk war, der seine Figuren und Geschichten lebt und liebt. Alle anderen Fehler, ich nannte sie technische oder produktionsbedingte Fehler, waren völlig im grünen Bereich.

Natürlich hab ich damals den Aufwand völlig unterschätzt. Insgesamt hab ich mehr oder weniger meine gesamten Sommersemesterferien mit dieser Analyse zugebracht, die an der HFF natürlich in keinem Fach als Hausarbeit anerkannt wurde. Aber man lernt ja fürs Leben und nicht für die Schule, und gelernt hab ich wirklich viel, z.B. über den dramaturgischen Aufbau: Erst beim wiederholten Hinschauen erkennt man, wie Figuren erfunden und wie aus ihnen Charaktere werden und wie sie sich entwickeln. Irgendwann Ende November packte ich meine Arbeit in einen Umschlag und schickte sie auf den Lerchenberg zu Pit Rampelt.

Nachdem ich 1997 zwei Urlaubssemester in den USA verbracht hatte (natürlich wurde die dritte Staffel *Girlfriends* in der Heimat von Freunden aufgezeichnet), näherte sich mein Studium den Diplomarbeiten, und damit war das Ende abzusehen. Dieses absehbare Ende bedeutete zugleich auch: Ich brauchte einen Job ab Anfang 1999. Also machte ich lange Waldspaziergänge und grübelte, wenn nicht über den Diplomarbeiten, über der Frage, was willst du wo??? Das «Wo» spielte zwar eigentlich eine untergeordnete Rolle, trotzdem stand eigentlich seit Jahr und Tag fest: Hätte ich mir aussuchen können, wo ich gerne leben wollte, hätte ich ohne zu zögern «Hamburg!» gerufen.

Blieb das «Was»: Zwei Herzen schlagen ach! in meiner Brust! Ich liebe die Phantasie und Kreativität bei der Entstehung von Geschichten, einfach mal rumspinnen, mitwirken, wenn aus diesen Geschichten dann wirklich Filme entstehen. Dabei sein am Set, wenn die Schauspieler, die ich mit ausgesucht habe, Sätze sagen, die ich ihnen mit in den Mund gelegt habe, und alles auf Film gebannt wird. Mein zweites Herz schlägt fürs Management. Hineingeboren in einen Kaufmannshaushalt, hatte ich innerhalb des Studiums während eines Praktikums im Kirch-Konzern mitbekommen, wo die wirklichen Entscheidungen getroffen werden: ganz oben! Und genau da wollte ich auch hin!

Am besten passte also etwas im kreativen Management!

Es ist ja eher selten, dass Geschäftsführer oder Produzenten direkt von der Uni weggeholt werden und dann eine Serie nach der anderen produzieren, und da ich ein Realist bin, dachte ich mir, fängst du mal als Assistentin der Geschäftsführung in einem Filmproduktionsunternehmen an. Da kannst du alles und nichts draus machen, und der Rest wird sich zeigen. Fehlte nur noch die Firma und die Geschäftsführung, die ich überzeugen wollte, dass sie mich als Assistentin dringend braucht. Wer macht was, war die nächste Frage. Da waren sie wieder, die *Girlfriends*. Die waren von Objectiv Film, genau wie *Bella Block*, *Die Drombuschs*, *Die Bertinis* und unzählige andere tolle TV-Filme. Hinter dieser Firma steckt der Name Trebitsch, Katharina M. Trebitsch und Prof. Gyula Trebitsch, und der hatte mit meinem deutschen Filmhelden Heinz Rühmann den *Hauptmann von Köpenick* gemacht. Eine Frauen-Geschäftsführung, traditionsreiche Firma mit einem Profil, das meinem Wunsch entspricht: Gut gemachtes Fernsehen, die Leute haben was zu erzählen. Als Sahnehäubchen obendrauf: Firmensitz in Hamburg!

Ich wusste nun, was ich wollte, mussten nur noch die anderen überzeugt werden. Es dauerte ungefähr drei Monate und sechs Bewerbungen, bis ich auf etwas unkonventionelle Weise Katharina Trebitsch und ihre Co-Geschäftsführerin Jutta Lieck-Klenke kennen lernte.

Es war der Tag meiner feierlichen Diplomverleihung. Ich hatte mein Diplom aus den Händen des bayerischen Kultusministers erhalten, die verschiedensten Hände geschüttelt, und meine Eltern hatten sich darauf eingestellt, dass sie jetzt ihre zwar diplomierte, aber dennoch arbeitslose Tochter weiter durchfüttern müssten. Gegen Abend klingelte mein Telefon: Hallo, hier ist Katharina Trebitsch. Ihr Professor hat mich genötigt, Sie anzurufen …

Dieser Professor war den beiden Damen in München über den Weg gelaufen, und da er meine Bewerbungsversuche kannte, war er gleich zur Tat geschritten. Dann ging alles ziemlich schnell: Ich fuhr Frau Trebitsch und Jutta Lieck-Klenke in meinem kleinen Golf zum Münchner Flughafen und redete um mein Leben, wie sich Jutta Lieck später erinnerte. Ihr hatte ich natürlich gleich zu Beginn meine *Girlfriends*-Analyse in die Hand gedrückt. Frau Trebitsch verabschiedete sich mit den Worten: Wir werden Ihnen mal ein Angebot machen, was in München so viel heißt wie: Wir können ja mal wieder telefonieren. Nicht so in Hamburg. 14 Tage später hatte ich meinen Vertrag als Assistentin der Geschäftsführung im Briefkasten, und am 1. Februar 1999 trat ich in Hamburg-Jenfeld an.

Die vierte Staffel war schon gesendet, als ich bei Trebitsch anfing, und damit die *Girlfriends* wirklich beendet. So dachten zumindest alle. Irgendwie hatte keiner mit den Zuschauern und den Fans gerechnet, die nicht müde wurden, beim ZDF eine Fortsetzung zu fordern.

Mein erstes Arbeitsjahr neigte sich dem Ende zu. Eines Abends kam Jutta Lieck in mein Büro, setzte sich und sagte: «Du, Jessi, wir machen wieder *Girlfriends*.» Na ja. Es wäre gelogen zu sagen, dass es eine Überraschung war. Der Flurfunk hatte natürlich funktioniert … aber dann kam die Überraschung: Jutta Lieck fragte, ob wir die fünfte Staffel der *Girlfriends*, den Relaunch, nach fünf Jahren zusammen machen wollten?

Mag sich blöd anhören, aber an diesem kalten, regnerischen Früh-Frühjahrsabend fuhr ich mit dem Rad an die Alster, stellte mich ans Ufer und blickte hinüber auf den Fernsehturm, den Michel und die teuren Villen am Harvestehuder Weg und schrie einmal ganz laut JA! Kilometer 42,125 war erreicht, nach etwas mehr als zehn Jahren Ausbildung und Arbeit hatte ich meinen ersten Marathon geschafft und war im Ziel.

Der nächste Marathon fing sofort an und hieß *Girlfriends*, 1 Pilot à 90 Minuten und 12 Folgen à 45 Minuten. Die Kilometeranzahl war die gleiche, aber ich musste schneller laufen: Drehstart im Mai 2001, Ausstrahlung ab Januar 2002. Aber das ist eine andere Geschichte, und die erzählen wir später einmal …

Marion Stresow

Marie und Ronaldo vor dem Traualtar

Als Komparsin bei den Dreharbeiten

Ich hatte das Glück, bei den Dreharbeiten zur letzten Folge der vierten Staffel dabei zu sein. Angefangen hat alles damit, dass ich von der allereresten Folge an vom *Girlfriends*-Virus infiziert und ein Riesenfan der Serie wurde. Als ich im Frühjahr 97 hörte, dass zurzeit in der Nähe von Hitzacker gedreht wurde, schrieb ich schnell ans ZDF und fragte, ob ich nicht mal bei den Dreharbeiten zuschauen dürfe. Das ZDF verwies mich an die Produktionsfirma Objectiv Film.

Dort schickte ich meine freundliche Anfrage hin (mit dem Zusatz, dass es aber ein Drehtag sein müsse, bei dem Mariele Millowitsch und Walter Sittler anwesend sind) und wurde tatsächlich eingeladen, einen Tag bei den Dreharbeiten dabei zu sein. Gedreht wurde in Gartow (Landkreis Dannenberg / Niedersachsen) vor einem Schloss, das das Country-Hotel darstellen sollte. Ich durfte in dem Drehbuch blättern und der Regisseurin Christine Kabisch über die Schulter schauen. Zu Mariele und Walter hatte ich allerdings keinen persönlichen Kontakt, aber mir reichte es schon, den beiden ein paar Stunden bei ihrer Arbeit zuzusehen.

Ein gutes Jahr später, im Juli 1998, erhielt ich einen Anruf von Objectiv Film. Man fragte mich, ob ich Lust hätte, als Komparsin bei den Dreharbeiten mitzuwirken. Es wurden händeringend Leute gesucht, und wahrscheinlich hatten sie meine Adresse noch vom vorigen Jahr im Computer und kamen so auf mich. Ich solle mich so anziehen, als würde ich privat zu einer Hochzeit gehen, und der Drehort sei die Erlöser-Kirche in Hamburg-Bergedorf. Da klingelten natürlich bei mir alle Alarmglocken. Ich war mir sicher, das konnte nur die Hochzeit von Marie und Ronaldo sein …

Es wurde ein langer Tag (9 Uhr bis 19.30 Uhr), aber er gehört sicherlich zu den schönsten und aufregendsten in meinem Leben. Alle wichtigen Personen der Serie waren anwesend: Schmolli, Ben, Hofstädter, Maries Eltern, Elfie, Vera, Katja, Wilma Wolf, Frau Stade,

Doris Barth, Dr. Begemann, Vera, Ilka, Sebastian, Heike, Carsten, Leo und Uwe, wirklich alle. Die Stars waren natürlich Mariele Millowitsch und Walter Sittler.

Zunächst einmal mussten wir zwei Stunden warten, bevor es so richtig losging, denn es regnete in Strömen den ganzen Tag. Während dieser Wartezeit konnte man aber schon die Schauspieler hautnah erleben, denn der Komparsenraum befand sich im selben Gebäude wie die Schauspielerräume, und im Flur ist man sämtlichen Schauspielern begegnet. Neugierig warteten wir auf die Braut und ihr Kleid. Da wurden wir ganz schön auf die Folter gespannt, denn Mariele kam erst sehr spät die Treppe herunter. Vorher war sie ganz kurz zu sehen, und dieser kurze Auftritt war nachhaltig eindrucksvoll: Sie stürzte die Treppe herunter, bekleidet mit dem aus der Serie bekannten braunweiß gestreiften Bademantel und Hausschuhen an den Füßen, in den Haaren bereits die volle Perlenpracht und auch sonst obenrum schon drehfertig (geschminkt und so). Einen Regenschirm über dem Kopf, schaute sie kurz durch die Tür nach draußen, strahlte in die Runde, wünschte allen einen guten Morgen, drehte sich auf dem Absatz herum und verschwand wieder nach oben in die Garderobe. Das war der erste Eindruck, den wir von Mariele Millowitsch bekamen, und der war ziemlich süß!

Kurz bevor es losging, kam die Regieassistentin zu uns. Wir sollten hinübergehen zur Kirche auf der anderen Straßenseite, und dann würde man uns die Plätze zuweisen. Als wir in die Kirche kamen, saßen die Schauspieler (bis auf Mariele Millowitsch und Walter Sittler) schon auf ihren Plätzen, und wir wurden drum herum gesetzt. Ich saß zwei Reihen hinter Dr. Begemann, Doris Barth, Schmolli und Wilma Wolf. In der Kirche hatte man das Gefühl, draußen sei strahlendster Sonnenschein, dabei war es bedeckt und regnerisch – was man mit Licht so alles machen kann. Als ich meinen Platz einnahm, ahnte ich nicht, dass ich nun die nächsten sechs Stunden hier verbringen würde. So viel Zeit verbrachte ich noch nie in einer Kirche.

Als alle auf ihrem Platz saßen und Ruhe einkehrte, informierte uns die Regisseurin Christine Kabisch über den Ablauf der ersten Szene. Wir mussten alle aufstehen und rausgehen, um dann wieder hereinzukommen: Das Hineinströmen der Hochzeitsgesellschaft in die Kirche sollte gefilmt werden. Das wurde zunächst einmal geübt und klappte natürlich noch nicht. Wir sollten, so Christine Kabisch, relaxter sein, uns mit unserem Nachbarn locker unterhalten, damit das nicht so stocksteif aussieht. Nicht so zielstrebig auf unsere Plätze zugehen, sondern so tun, als würden wir uns einen Platz suchen müssen. Die zweite Probe klappte schon ganz gut, also konnte beim dritten Mal gedreht werden. 130 Menschen dreimal raus aus der Kirche und wieder rein in die Kirche. Aber schließlich war diese Szene im Kasten.

Dann endlich betraten Mariele Millowitsch und Walter Sittler die Kirche. Er ging direkt nach vorne zum Altar, wo er seine Position hatte. Unsere Aufgabe war es, lächelnd und bewundernd zur Braut zu schauen, als sie die Kirche mit dem Brautvater betritt.

Die Regisseurin Christine Kabisch leistete wirklich sehr harte und konzentrierte Arbeit, das war unschwer zu beobachten. Trotzdem war sie total nett und hat immer versucht, die Komparsen mit flotten Sprüchen bei Laune zu halten. Es ist sicherlich nicht einfach, 130 Menschen unter Kontrolle zu halten und dabei noch einen guten Job zu machen.

Es war nicht immer alles gleich perfekt, und es gab hier und da auch Zoff im Produktionsteam, das konnte man als Komparse mitbekommen. Einmal ist sie sogar richtig böse geworden. Mutter Harsefeld hatte in einer Szene, die schon abgedreht war, vergessen, ihren Handschuh überzuziehen, den sie in der Szene davor trug. Also musste diese Szene noch einmal gedreht werden. Da hat Christine Kabisch mal kurz ein Donnerwetter losgelassen nach dem Motto: «Denkt denn hier außer mir gar keiner mit???» Nachdem Walter Sittler beruhigend eingriff und schlichtete (das tat er wirklich, unser Mr. Right), ging es weiter.

Man hat natürlich so ein paar Hemmungen, aber eine von uns Komparsen hatte nach der Mittagspause den Mut, ihn anzusprechen und um ein Foto zu bitten. Und entgegen meiner Erwartung war er sofort gerne bereit. Dabei stellte er sich nicht einfach nur stocksteif neben einen, sondern legte den Arm um einen und lächelte sein schönstes Lächeln in die Kamera. Verzaubert von so viel Charme, kehrte ich zurück zu meinem Platz in der Kirche, denn mussten wir Komparsen wieder in Aktion treten.

GIRL*friends* **132**

Christian Pfannenschmidt
«Ich liebe meine Figuren»
Ein Gespräch mit dem Autor

Christian Pfannenschmidt ist der Autor von Girlfriends, es ist seine Serie. Er hat die Figuren erfunden und alle Drehbücher geschrieben, er ist an allen kreativen Prozessen, von der Besetzung bis zur Wahl der Drehorte, beteiligt. Das ist in Deutschland, anders als in Amerika, recht ungewöhnlich. Lang laufende Fernsehserien sind in aller Regel industrielle Produkte, hergestellt im Fließbandverfahren: Konzeption und Serienbibel werden von Firmen entwickelt, ein Storyliner entwirft den Plot, Drehbuchautoren füllen aus, was in welcher Folge passiert, und ein Headwriter sorgt für den einheitlichen Guss. Girlfriends dagegen ist nicht am Reißbrett entstanden. «Während ich schreibe, lebe ich mit den Girlfriends», bekennt Pfannenschmidt, «ich lache mit ihnen, und, ja, ich weine mit ihnen ...» Diese Liebe zu den Figuren spürt der Zuschauer, dies ist das Geheimnis des Erfolgs.

Entwerfen Sie erst die Geschichte oder ist die Keimzelle eine bestimmte Situation, ein zentraler Dialog?

Ich gehe von einer Idee aus. Irgendetwas, was einem Menschen widerfährt. Eine Frage, die sich im Leben eines Menschen stellt: soll ich, kann ich, darf ich? Andere Personen kommen dazu, mit denen man sich streitet, die man liebt usw. Dann fange ich an, den Figuren Eigenarten zuzuordnen, eine bestimmte Sprache, eine Biographie.

Was war die Grundidee von Girlfriends*?*

Die Grundidee war: Kann eine Frau mit dreißig noch einmal ganz von vorne anfangen? Eine Frage, die sich viele Frauen stellen. Die eigentlich zufrieden sind mit ihrem Leben, dann aber an einen Punkt kommen, wo sie sich fragen: War das alles? Kann man nicht alles auch ganz anders machen? Die es aber vielleicht aus eigenem Antrieb nicht schaffen. Stellvertretend für diese Frauen – Männern geht es übrigens auch so – habe ich Marie Malek aus Hitzacker erfunden. Sie schafft es. Auch weil ihr, wie beim Aufschwung am Reck, jemand Hilfestellung gibt, nämlich ihre beste Freundin. Ilka verschafft Marie die Chance, aus der Provinz herauszukommen und in der Großstadt, im Schreibbüro eines Hamburger Hotelkonzerns, Karriere zu machen. Da kommen nun wieder ganz andere Fragen: Wie haltbar sind Frauenfreundschaften? Wenn jede ihren festen Platz in der Beziehung hat – Marie ist die Hilfsbedürftige –, funktioniert es. Was passiert aber, wenn sie, die kleine Angestellte aus der Provinz, plötzlich erfolgreich ist, aufholt, ja die Freundin gar überholt. Aus Freundinnen werden Rivalinnen …

Stammt die Serienidee von Ihnen?

Ich hatte für *Sonntag und Partner* die Geschichte einer Sekretärin geschrieben; darauf basierte offenbar der Wunsch von Katharina Trebitsch, eine Serie über Sekretärinnen zu entwickeln. Was mich daran gereizt hat: die klassische Nebenfigur in der Hauptrolle. Sekretärinnen bilden eine große Berufsgruppe, die sich kaum irgendwo wiederfindet, es sei denn als Karikatur oder als Randfigur. Wir stellen sie ins Zentrum.

Kennen Sie sich in dieser Berufswelt aus, haben Sie in einem Hotelkonzern recherchiert?

Der Vorstandschef von Steigenberger Frankfurt hat mir die Konstruktion seines Unternehmens erklärt, auch habe ich ein bisschen hinter die Kulissen geschaut. Aber vor allem kam mir zugute, dass ich viele Jahre im Im- und Export eines Hamburger Kontors gesessen habe. So was vergisst man nicht: Ich weiß schon, wie es zugeht in einem Büro.

Mariele Millowitsch und Walter Sittler waren 1995 noch keine Stars. Wie kam es zu der Besetzung?

GIRL*friends*   **134**

Mariele war eine Idee von Katharina Trebitsch und Jutta Lieck-Klenke. Sie hatte in verschiedenen Serien gespielt, aber bis dahin nur in Nebenrollen, und die beiden Produzentinnen konnten Claus Beling, Hauptabteilungsleiter im ZDF, von ihrer Wahl überzeugen. Als ich Mariele sah, wußte ich: Für die Figur Marie Malek konnte es keine Bessere geben. Sie hat diese wunderbare Art, im Spiel eine Beiläufigkeit, Alltäglichkeit herzustellen, die sie zur perfekten Identifikationsfigur macht.

Für die Rolle Ronaldo hatte man verschiedene Schauspieler in Augenschein genommen. Erst ganz kurz vor Startschuss kam Heta Mantscheff, fürs Casting zuständig, und sagte: Ich habe da einen gut aussehenden Mann in einer klitzekleinen Rolle als Postbote gesehen … Er wurde zu Probeaufnahmen eingeladen, danach war alles klar. Doch es gab immer noch Stimmen: Mariele Millowitsch und Walter Sittler, das passt doch gar nicht, völlig unglaubwürdig. Seit *Girlfriends* und, mit einem anderen Touch, *Nikola* sind sie das Traumpaar des deutschen Fernsehens – keiner stellt heute mehr in Frage, dass sie perfekt zusammenpassen.

Wir erzählen in gewisser Weise ein Märchen, eine Aschenputtel-Geschichte. In dieser Konstellation ist Ronaldo natürlich der Prinz, der souveräne, liebenswürdige Hoteldirektor, weltmännisch, etwas unnahbar und fast fehlerfrei, nach dem sich 80 Prozent aller Zuschauerinnen sehnen. Stellvertretend für sie hat Marie den Part übernommen, ihn zu kriegen.

Erinnern Sie sich noch an den ersten Drehtag?

Ja, das war ein aufregender Moment. Es war die Szene in New York, Hansson-Zentrale: Ronaldo überzeugt die Konzernmanager von seinem Konzept. Ich kam am Times Square an, fuhr mit dem Fahrstuhl in den 54. Stock eines Hochhauses, ging an den Kontrollen vorbei - alle bedeuteten, ich möge leise sein –, kam in einen großen Konferenzsaal und hörte Walter Sittler Sätze sprechen, die ich geschrieben hatte. Jutta Lieck-Klenke hatte das Musik-Layout für den Titelsong mitgebracht. Es war traumhaft, ich hatte das Gefühl: That's magic – Spiel, Film, großer Auftritt, Musik, Maske, Kostüm, schöne Frauen, schöne Männer …

135   Making of

Niemand konnte damals ahnen, dass Girlfriends *zu einem der erfolgreichsten TV-Dauerbrenner aller Zeiten werden würde. Was ist das Geheimnis, wovon lebt eine so ungewöhnlich lang laufende Serie?*

Entscheidend sind interessante Figuren. Nicht so sehr der Plot, die Dramatik der Geschichte. Also eine interessante Konstellation von Figuren, ein guter Mix von Jung und Alt. Um eine lang laufende Serie zu kreieren, muss man Figuren entwickeln, von denen man auch in zwei Jahren noch etwas erfahren möchte. Aber das gelingt eben selten: Meistens werden die Figuren irgendwann blass.

Ich denke, das Weiterleben von Figuren hängt auch von ihrem Vorleben ab, davon, wie reich der Autor sie ausgestattet hat. Sind die Umrisse nur so knapp skizziert, wie sie gerade für die eine Folge gebraucht werden, sind sie eben danach auch verbraucht.

Ich habe für alle Figuren Biographien geschrieben, mir z. B. die Mühe gemacht, aufzuschreiben, welche Schule in Hitzacker Marie und Ilka besucht haben (und in Klammern notiert, wie ihre Englisch-Lehrerin hieß: Frau Hinrichs). Dabei geht es nicht nur um Profile der Figuren, ihren Lebensweg und ihre Charaktereigenschaften, sondern auch um die Konstellationen, das Verhältnis der Figuren zueinander.

Nach der vierten Staffel sollte eigentlich endgültig Schluss sein.

Die Entscheidung, nicht weiterzumachen, kam aus tiefstem Herzen und war wohl durchdacht. Weitermachen, bis es keiner mehr sehen will, das wollte ich auf keinen Fall. Deshalb: Wir hören auf, wenn sie heiraten, alle sind glücklich und zufrieden, und wir werden uns immer gern daran erinnern. Aber nach einem gewissen Abstand habe ich verstanden, dass die Zuschauer gefordert haben, wir wollen unsere *Girlfriends* wieder haben – weil ich sie auch selber vermisst habe.

Und wie war es, nach fünf Jahren wieder in die Welt der Girlfriends *einzutauchen?*

Was soll ich sagen? Es war herrlich! Ich liebe meine Figuren, kenne sie aus dem «ff», sie sind gewissermaßen meine Freunde geworden. Freunde, die mir wie von selber erzählen, was ihnen alles widerfahren ist. Sie sind mit uns älter geworden, erfahrener, ihre Lebenssituationen haben sich an manchen Stellen geändert. Es gibt neue Menschen um unsere altvertrauten Helden herum, die neue Geschichten und Konflikte mitbringen, aber auch viel Herz und viel Humor. Es ist mir ganz leicht gefallen, den Zeitsprung von fünf Jahren zu erzählen, und inzwischen wird bereits die sechste Staffel gedreht. Also, von mir aus können es noch 500 Folgen werden.

Marie Malek (-Schäfer)
Mariele Millowitsch

Ronaldo Schäfer
Walter Sittler

Ilka Frowein
Tamara Rohloff

Elfie Gerdes
Manon Straché

Vera Klingenberg
Nina Sonja Peterson

Frau Stade
Andrea Bürgin

Hieronymus Schmollke (Schmolli)
Harald Maack

Doris Barth
Eva-Maria Kerkhoff

Dr. Begemann
Arnfried Lerche

Nicole Bast
Nele Mueller-Stöfen

Daniela Holm
Bettina Kupfer

Dieter Saalbach
Dietmar Mues

Stefan Ahlbaum
Benjamin Sadler

Renee Broschek
Anette Hellwig

Katja Harms
Chiara Schoras

Wilma Wolf
Petra Redinger

Leo Faber
Jens Eulenberger

Uwe Holthusen
Jens Knospe

Carsten Smith
Wanja Mues

von Winkler
Martin Armknecht

Herr Rumpelmayer
Jürgen Janza

GIRL*friends*   138

Mariele Millowitsch und Walter Sittler

Christina Grosse

Matthias Zahlbaum

Peer Jäger

Tamara Rohloff

Julietta
Ingrit Dohse

Höltenbaum
Ulrich Schmissat

Elisabeth Harsefeld
Dagmar Laurens

Erich Harsefeld
Wilfried Dziallas

Heike Schäfer
Christina Grosse

Cast und Credits

Alexander Hofstädter
Peer Jäger

Bendix Bast
Max Gertsch

Frank Melson
Krystian Martinek

Ursula Schäfer
  Donata Höffer

Peter Wolf
  Simon Licht

Albert Baumgarten
  Paul Frielinghaus

Thorsten Buck
  Thorsten Grasshoff

Bill Hansson
  Gösta Bredefeldt

Zoltan Landauer
  Matthias Zahlbaum

Rob
  Thomas Sarbacher

Sebastian Beck
  Josef Bilous

Dr. Rilke
  Hennig Gissel

Gertrud Schottwitz
  Louise Martini

Hannelore Hollwinkel
  Corinna Genest

Stefanie Ahlbaum
  Johanna Klante

Werner W. Lang
  Hannes Hellmann

Henry Horn
  Fabian Busch

Christian Dolbien
  Philippe Brenninkmeyer

Alexa Hofer
  Gabrielle Odinis

Sandy Busch
  Tina Bordihn

Katrin Hollinger
  Nadja Zwanziger

Luc Atalay
  Max Landgrebe

Vivien Schäfer
  Wiebke & Katrin Brardt

Iris Sandberg
Franziska Stavjanik

Barbara Malek
Susanne Hoss

Martin Malek
Klausjürgen Wussow

Roxi Papenhagen
Heidrun Petersen

Dr. König
Günter Grabbert

Merle Ingwersen
Petra Zieser

Raffael
Tilo Keiner

Hans Niebeck
Wolfram Rupperti

Frau Rust
Eva-Maria Hagen

Florian Klingenberg
Paul Knittel - Kabisch

Bernd Ladowski
Harry Blank

Frau Baumann
Giulia Follina

Ali Atalay
Ramin Yazdani

Als Gäste und in Episodenrollen u.a.
Achim Reichel, Hannelore Hoger, Gisela Trowe, Heta Mantscheff, Christian Ewald, Lutz Herkenrath, Thomas Thieme, Heinz Trixner, Hans-Joachim Millies, Ewa Bukowska, Alexandra Assai, Dietmar König, Hans-Jörg Frey, Isolde Barth, Christian Toulali, Rolf Nagel

und Biene

141   Making of

Buch
Christian Pfannenschmidt

Regie
Christine Kabisch
(Folgen 1–22, 27–32, 40–52)
Karin Hercher
(23–26, 33–36)
Richard Engel
(37–39)
Bettina Woernle
(53–58)
Walter Weber
(59–62)
Franziska Meyer Price (63–66)

Kamera
Reginald Naumann
Meinolf Schmitz
Zivko Zalar
Hans-Jörg Allgeier
Helmut Pirnat
Holly Fink
Peter Badel
Ulrich Jaenchen
Uli Kudicke
Johannes Kirchlechner
Philipp Geigel
Nicolas Joray

Schnitt
Walter Schellemann
Elke Carmincke
Angelika Sengbusch

Musik
Robert Schulte Hemming,
Jens Langbein

Produktion
Objectiv Film
Katharina M. Trebitsch

Producer
Jutta Lieck-Klenke
Jan Kromschröder
Jessica Kreft

Redaktion
Claus Beling,
Pit Rampelt, Andrea Klingenschmitt

GIRL*friends* 142

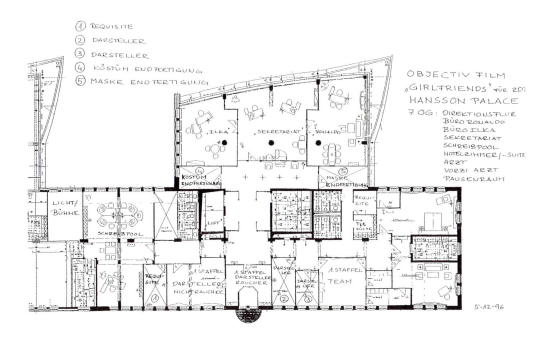

Die beiden ersten Staffeln wurden im Steigenberger Hamburg auf der Fleetinsel gedreht, ideale Kulisse für das Hansson Hotel. Für die dritte Staffel musste die Produktion umziehen: Das Hansson Palace entstand in einem Bürogebäude, dem gerade im Bau befindlichen Hanseatic Trade Center an der Kehrwiederspitze. In drei Monaten baute Filmarchitekt Ulrich Schröder mit den Handwerkern von Studio Hamburg ein Potemkinsches Hotel, filmgerecht eingerichtet mit Lobby, Restaurants, Zimmern, Büroräumen auf zwei Etagen. Für das Grand Hansson in der fünften Staffel stand das kurz zuvor eröffnete Dorint Hotel für die Aufnahmen zur Verfügung.

Drehorte
Hamburg, Hitzacker, Sylt, Wendland, Stockholm, New York und Long Island, Mallorca

Sendedaten
I./II. Staffel (Pilot und 24 Folgen): 26.12.1995 – 11.6.1996

III. Staffel (Pilot und 11 Folgen): 7.10.1997 – 30.12.1997

IV. Staffel (13 Folgen): 22.9.1998 – 15.12.1998

V. Staffel (Pilot und 12 Folgen), 16.1.2002 – 24.4.2002

jeweils im ZDF

Wiedersehen in Palma
Sdg. ZDF, 5.10.1998

Buch
Christian Pfannenschmidt

Regie
Bettina Woernle

Produktion
Real Film Katharina M. Trebitsch

Besetzung
Klausjürgen Wussow, Dagmar Laurens, Wilfried Dziallas, Corinna Genest, Volkert Kraeft, Karen Friesicke, Rolf Nagel und als Gast Mariele Millowitsch

Hotel Elfie
Pilot und 12 Folgen. Sdg. ZDF, 22.1.2000– 16.5.2000

Buch
Christian Pfannenschmidt u.a.

Regie
Christine Kabisch, Richard Engel

Produktion
Objectiv Film / Real Film Katharina M. Trebitsch.

Besetzung
Manon Straché, Jennifer Steffens, Sandra Borgmann, Ingrit Dohse, Annette Kreft, Mark Horstmann, Harald Maack u.v.a.

Preise
Goldener Löwe von RTL, Goldene Kamera und Adolf-Grimme-Preis für die Hauptdarsteller Mariele Millowitsch und Walter Sittler

Telestar für die Produzentin Katharina M. Trebitsch und Schauspielerin Manon Straché

Deutscher Produzentenpreis der Cologne Conference für Jutta Lieck-Klenke

Nominierung zum Deutschen Fernsehpreis für den Autor Christian Pfannenschmidt

Girlfriends international
Die Serie läuft mit Erfolg im gesamten europäischen Ausland, u.a. in Finnland, Österreich, Schweiz, Italien, England

4 x Girlfriends und 1 x Elfie
Vier Romane nach der Serie sind bei rororo erschienen: «Fünf Sterne für Marie», «Der Mann aus Montauk», «Zehn Etagen bis zum Glück» und «Demnächst auf Wolke sieben» sowie ein Roman zur Serie «Hotel Elfie»

Auf Wiedersehen, bis bald …

Der Herausgeber dankt Susanne Dippel und dem inoffiziellen *Girlfriends*-Fanclub
www.geocities.com/liljan98/girlfriends